历代玉器收藏与鉴赏

赵梅红 ◎ 著

上册

学苑出版社

图书在版编目（CIP）数据

历代玉器收藏与鉴赏 / 赵梅红著. -- 北京：学苑出版社，2024.1

ISBN 978-7-5077-6865-7

Ⅰ.①历… Ⅱ.①赵… Ⅲ.①玉器—收藏—中国②玉器—鉴赏—中国 Ⅳ.①G262.3

中国国家版本馆CIP数据核字(2024)第034331号

出 版 人：	洪文雄
责任编辑：	周 鼎
出版发行：	学苑出版社
社　　址：	北京市丰台区南方庄2号院1号楼
邮政编码：	100079
网　　址：	www.book001.com
电子邮箱：	xueyuanpress@163.com
联系电话：	010-67601101（销售部）、010-67603091（总编室）
印 刷 厂：	水印书香（唐山）印务有限公司
开本尺寸：	710 mm×1000 mm　1/16
印　　张：	32
字　　数：	415千字（图663幅）
版　　次：	2024年7月第1版
印　　次：	2024年7月第1次印刷
定　　价：	360.00元（全二册）

前言

　　中国是世界上文明发源最早的国家之一，也是世界文明发展进程中唯一没有出现过中断的国家。在人类发展漫长的历史长河中，中国创造了独特的古代文化，留下无数光辉灿烂的物质文化遗产，其中包括中国历代匠人制作的可供玩赏的玉器。尽管这些玉器遗产经历了难以计数的天灾和人祸，历尽了人世间的沧海桑田，但仍旧遗留下来大量的珍品。这些珍品都是我国古代先民勤劳智慧的结晶，是中华民族的无价之宝，是中华民族高度文明的历史见证，更是中华民族数千年文明的承载。

　　在我国，玉器收藏投资有着巨大的利润空间，这个空间让很多人闻之心动。于是乎，许多有投资远见的实体与个体（无论财富多寡）纷纷加入玉器收藏投资市场，成为玉器收藏的新主体，玉器收藏投资市场也因此而勃勃生机。

　　历代玉器不仅有艺术价值，还具有经济价值，由于有巨大的利润空间，确实值得投资。然而，造假最凶的、赝品泛滥最严重的领域也当属玉器投资市场。可以说，玉器收藏投资的首要问题不是目前的价格与未来收益，而是真伪问题，或者更确切地说，是如何识别真伪的问题！如果真伪确定不了，玉器的价值与价格便无从谈起。

鉴于此，为了解决这一问题，也为了满足玉器收藏投资领域的广大投资者的实际收藏、投资需要，我们特邀国内既研究玉器收藏投资市场，又在玉器本身研究上颇有见地的专家编写了这本《历代玉器收藏与鉴赏》。书中图文并茂地详细阐述了玉器的起源、玉器鉴赏的四大要素、玉器的鉴别技巧、玉器的购买技巧、玉器的保养要点等知识。希望钟情于玉器收藏与鉴赏的广大收藏爱好者能够多一点理性思维，把握沙里淘金的技巧，提高鉴别玉器的能力，尽量降低购买假货的数量，减少损失。

本书在总结和吸收目前同类图书优点的基础上进行编辑，内容丰富，分类科学，装帧精美，具有较强的科学性、可读性和实用性。

本书适用于广大古玩收藏爱好者，国内外各类型博物馆、拍卖公司的从业人员，可供广大中学、大学历史教师和学生学习参考，也可作为各级各类图书馆和拍卖公司备选之用。

目录

上册

第一章　玉器的源流 1

- 一　什么是玉 2
- 二　玉器的起源 17
- 三　玉石的种类 22
- 四　玉器的作用 33
- 五　中国玉器的发展史 50
  - （一）新石器时代 50
  - （二）夏、商、西周 51
  - （三）春秋战国 62
  - （四）秦汉魏晋南北朝 69
  - （五）隋唐五代宋辽金 77
  - （六）元明清 83

第二章　玉器鉴赏的四大要素 97

- 一　玉器的功能 98
  - （一）礼仪用玉 98

（二）兵器、节符用玉 110

（三）装饰用玉 118

（四）殓葬用玉 153

（五）生活用玉 155

（六）观赏、陈设用玉 186

二 玉器的纹饰 195

（一）常用纹饰 196

（二）辅助性纹饰 213

三 玉器的雕刻工艺 214

（一）圆雕 214

（二）浮雕 218

（三）镂雕 225

（四）微雕 228

（五）线纹雕刻技法 228

（六）镶嵌 237

（七）抛光 238

（八）俏色 240

四 玉器的题款 244

下册

第三章　玉器的鉴别技巧 247

一 古玉仿造的历史 248

（一）仿造史悠久 248

（二）作伪方式多样 248

（三）常见的做旧手段 249
　二　玉器的传统鉴别方法 249
　　（一）触摸法 250
　　（二）耳听法 261
　　（三）观察法 261
　　（四）玉材推断法 269
　　（五）器型推断法 276
　　（六）纹饰推断法 277
　三　当代仿造古玉的主要地区 277
　　（一）河南 278
　　（二）安徽 278
　　（三）江苏 278
　　（四）浙江 279
　　（五）上海 279
　　（六）陕西 280
　四　区别新、旧玉器的技巧 280
　　（一）了解新、旧玉器的特点 280
　　（二）了解工艺上的区别 296
　　（三）了解玉质和玉色的区别 296
　五　明清玉器的鉴别 296
　　（一）明代玉器的特征 301
　　（二）清代玉器的特征 318

第四章　玉器的购买技巧 347
　一　购买玉器的准备工作 348

（一）玉质 348
　　（二）造型 381
　　（三）认清纹饰 393
　　（四）认清工艺 393
二　玉器的购买途径 403
　　（一）拍卖公司拍卖 403
　　（二）文物商店购买 413
　　（三）专业市场购买 413
　　（四）典当行购买 421
　　（五）圈子内购买 425
　　（六）网络渠道购买 425
三　把握适当的购买时机 442
四　准确判断出售时机 445

第五章　玉器的保养要点 461

一　学会盘玉 462
　　（一）三种玩盘法 471
　　（二）盘玉"四到" 475
　　（三）盘玉的禁忌 478
二　做到"六个避免" 479
　　（一）避免与硬物碰撞 479
　　（二）避免沾染灰尘与油污 483
　　（三）避免阳光长期直射 490
　　（四）避免用火烘烤 490
　　（五）避免接近冰 491

（六）避免与香水、化学制剂和汗液接触 491
三 **掌握正确的清洁方式** **492**
　　（一）新购玉要做清洁工作 492
　　（二）要使用柔软的白布抹拭 492
　　（三）要定期清洗 492
　　（四）要经常检查玉佩系绳 492

第一章 玉器的源流

一
什么是玉

玉，其实就是石头的一种，更确切地说，是指温润而有光泽的美石。

汉代许慎在《说文解字》中释"玉"："玉，石之美。"认为玉有"玉美"，可比"五德"，即莹润的光泽、透明的组织、舒扬致远的声音，坚刚的质地、断而不伤人的品质。

从矿物学的角度看，当某种美石达到一定的硬度时，便可称之为"玉"。玉器可分为软玉、硬玉两大门类。

无论软玉还是硬玉，其质地都非常坚硬，颜色都很璀璨，故被誉为"石中之王"。玉本身的价值本已不菲，再经过巧匠的精雕细琢，故成为千百年来人们珍爱的宝物，并形成独特的玉器文化。

软玉

软玉属角闪石类，其主要成分是硅酸钙的纤维矿物，硬度为摩氏6.0~6.5度，透明至不透明或半透明状，颜色不一，或黄或青，或白或墨。

软玉有狭义和广义之别。狭义的软玉只是指新疆和田玉。广义的软玉则包括岫岩玉、南阳玉、蓝田玉、玛瑙、琥珀、水晶、珊瑚、绿松石、青金石等。收藏界一般不将宝石、彩石纳入玉的范畴。

▶ **玉雕兽面纹冠形器　新石器时代良渚文化**

宽7.6厘米

◀ **素玉斧　新石器时代**

宽10.5厘米

玉质墨绿，玉色润泽，有灰白色沁。平面作扁薄长方形。顶端磨制规整，略带弧度；边棱圆滑、平直；弧刃，双面琢磨出刃，刃部较钝。上部有一圆形穿孔，双面对钻而成。造型依就玉料，稍加琢磨修整，使其具有一种厚重、自然、古朴之感。

▲ **青玉镯　新石器时代良渚文化**

直径9.2厘米

◀ **巧作玛瑙小件（一串三件） 清乾隆**

  玛瑙，苏作。三件皆巧雕，第一件透白地衬黑色螃蟹；第二件乳白地子母猴背红色仙桃，母猴双目殷红；第三件莹白地刻褐色莲花水鸟，留词"一路连升"。这组巧作，色美工精，设计灵巧，刀工精湛，虽件头细小，方寸之间却尽显苏作精髓，令人爱不释手。

▲ **琥珀松鼠葡萄摆件 清代**

高6.6厘米

  琥珀，圆雕。材质通透，色润金黄。镂空圆雕硕桃，桃体依附一串葡萄，藤叶缠绕，蜜蜂栖伏，两只松鼠分别伏于顶部及侧面。形制自然，纹饰趣味，料材精良。

第一章　玉器的源流

▼　天然珊瑚珠链

　　镶18K白金，37颗珊瑚珠，每颗直径约1.3厘米，项链长度约47厘米

▲　俏色玛瑙多宝串（一串五件）　清代

历代玉器收藏与鉴赏

第一章 玉器的源流

▲ 琥珀项串

108颗琥珀珠

◀ 超大珊瑚佛珠

单珠直径约1厘米

▲ 天然紫水晶配镶钻石戒指

主石直径约1.78厘米,高1.32厘米

18K白金镶嵌紫水晶戒指,紫晶硕大,柔和瑰丽,配镶钻石,立体设计,华丽大气。

第一章 王器的源流

▲ 天然珊瑚珠配翡翠项链

108颗珊瑚珠每颗直径约1厘米，项链长度约104厘米

硬玉

硬玉指翡翠，属辉石类，主要成分是硅酸钠和硅酸铝，其硬度为摩氏6.75~7.0，高于软玉，故名。

翡翠原是鸟名，传说翡为赤鸟，翠为绿鸟，汉代时人们用它代指玉器。翡翠在清代中叶盛行，多从缅甸进口。

▲ **翡翠螭龙笔洗　清代**

高约4.7厘米，直径约13.5厘米

缅甸老坑翡翠整雕而成，笔洗呈椭圆形，平口卧足，口沿有福云如意纹，一螭龙盘在水洗外壁，螭龙龙首兽身，身形充满张力。此器包浆自然，打磨抛光精细。

▲ 翡翠镂雕梅花盖瓶　清代

▲ 翡翠巧雕人物高士图山子　清代

第一章　玉器的源流

▲ 翡翠珠子项链

珠子直径1.0厘米～1.28厘米，项链长54.5厘米

▲ 翡翠巧雕仕女像　清代

　　此仕女立像造型优美，由翡翠圆雕而成。翡翠色泽淡雅优美，质地柔腻凝润。仕女翩翩起舞，头部微前倾，头挽高髻，发髻以头圈约束，插簪带饰，发丝梳理一丝不苟。面容俊秀温婉，柳叶弯眉，细长双眼，眼睑低垂，鼻梁细长高挺，耳垂丰满。上身着宽袖低领长衫，衣边饰刻划纹，下身穿曳地长裙，衣纹飘逸流畅。此像除雕琢工艺精湛外，其点睛之处还在两手之中的俏色部位乃此翡翠绿色最为鲜艳夺目处，为阳绿色。可见雕刻工艺之高超，乃清代翡翠雕刻之精品。

第一章 玉器的源流

▶ **翡翠珠子项链**
珠子直径0.6厘米～1.0厘米，长73.5厘米

▲ 翡翠冰种飘花手镯
直径5.6厘米

▲ 翡翠手镯
直径6.0厘米

▼ 紫罗兰翡翠葫芦项链

二、
玉器的起源

中国的玉器文化源远流长，积淀浑厚，可以追溯到原始社会新石器时代。或许，那时的原始先民在选石制器的过程中，发现了玉石之美，便有意识地把它拣出来，制成装饰品，打扮自己，美化生活，从而揭开了中国玉文化的序幕。

▶ **古玉马蹄形器　新石器时代红山文化**

高14厘米，底径7.8厘米

玉质青中泛白，裂纹处可见褐色沁。整器为椭圆形筒状，上大下小，两端口径不一，下端平齐，上端斜撇为斜坡形，故称为"马蹄形器"。器体光素无纹，琢磨光润，口缘均磨成钝刃状，是典型的红山文化玉器。马蹄形是红山文化最具代表性的玉器造型之一。

目前中国发现的最古老的玉器之一有距今约8000年的兴隆洼文化墓葬出土的一对白玉玦，其制作工艺带有一定的原始性，但已达到比较精良的水平。

其次，还有出土于距今约7500年的辽宁查海文化玉器，现已出土8件，其中7件是透闪石软玉，1件是阳起石软玉。

▲ 矮玉琮　新石器时代良渚文化
高4.7厘米
玉呈斑驳棕色，夹杂青灰色。四角刻小眼及大眼，神面两层，眼眉鼻口皆有纤细花纹，琢工上乘。上下对穿打孔，为标准良渚文化型玉琮。

▲ 古玉刻兽面纹饰 新石器时代良渚文化

长5.7厘米，宽3.7厘米，高0.7厘米

青黄玉质，表面满布鸡骨白色，有褐色沁。片状，长方形。正反两面都为头戴尖冠、同心圆大耳、怒目圆睁、眉心饰云纹、宽鼻、阔口的兽面纹，纹饰均为细阴刻线雕出。一长边上有片状工具切割玉料时留下的一道凹槽。

▲ 玉刀 新石器时代齐家文化

长30厘米

▲ **古玉兽面佩　新石器时代红山文化**

宽4.1厘米，长4.9厘米

玉质青碧，质感润泽，局部带有灰白色沁，兽面状。正面为浅浮雕，弯月状双耳，依稀可见隆额、双突目、宽鼻、阔口；背面上端有切割而出的一凸棱，凸棱上可见桯钻而成的两圆孔，系佩戴之用。此配饰雕刻手法粗犷、简练，造型抽象。

在距今四五千年前的新石器时代中晚期，中国玉文化之光闪耀四方。当时琢玉已从制石行业中分离出来，成为独立的手工业分支。太湖流域的良渚文化及辽河流域的红山文化中出土了大量的原始玉器，书写了中国玉文化的旖旎篇章。从那时起，玉器不再只是用作饰品和辟邪，也是祭天祀地、祈求永生的手段，更是王权、财富与阶级等级的象征。

玉器是美的载体，艺术的载体，更是中国人心目中瑰丽、高尚、坚贞、圣洁精神的象征。玉器值得世人拥有和欣赏。如今，它已成为世人收藏的重要对象。

▲ **古玉兽面纹琮形管　良渚文化**

高2.8厘米

器呈鸡骨白色，有褐色沁。长圆柱形，形似玉琮，上下对钻圆孔。表面由一宽凹弦纹分为上下两节，两节纹饰相同。纹饰为简化的兽面纹，重环眼，椭圆形眼睑，眉心用阴刻线表示褶皱，宽鼻，阔口。浅浮雕和阴刻线结合使用，造型古朴凝重。兽面纹琮形管是良渚文化极富代表性的玉器之一。

三 玉石的种类

凡是玉器玩家，即便是刚刚入门者，也应对玉器的种类有较清晰的认知。玉器的种类有多种划分方法，具体如下：

按玉料产地分类

最流行的玉器分类，就是按产地分类。人们口中常说的某种玉材，往往也是按产地来称呼的。

▲ 和田白玉狮子　东汉

高3.8厘米

此狮子玉质带原生瑕斑。狮子作跨步行走状，头上背上带籽玉。瑕壳，为古代和田玉籽琢成。一般常见的汉玉动物多为有翼状。此兽无翼，应以狮子为原型。东汉章帝时西域已有狮子进贡朝廷。

第一章 玉器的源流

中国是玉器大国，玉材蕴藏量在世界上名列前茅。既有可追溯到原始社会时期的玉器产地，也有新发现的产地。以产地来讲，我国有天山玉、重阳玉、梅岭玉、西藏玉、崂山海底玉、梅花玉、四川龙溪玉、京黄玉、安绿玉、金山玉等若干种。

▲ 白玉龙纹佩　东汉
高5.5厘米

按玉料环境分类

山料：采集于原生软玉矿山，矿脉一般均匀分布在雪线以上，各种玉料均有，羊脂玉仅部分产出，脉体边缘部分逐渐过渡为大理岩。

山流水料：采集于距原生软玉矿体不远的沟谷之中，外形角砾状，块形大小不一。

籽料：形成于河流中的沙砾矿床中，矿体受风化、冰川冲蚀、雨水冲刷等影响散碎，经浑圆化磨蚀，磨去软质部分，留下坚韧部分，玉器呈圆滑卵石状，与沙砾共存。籽料中以羊脂玉为最名贵。

按颜色分类

不同的岩石，形成不同的玉色。中国民间，对软玉的命名通常是以颜色和形象描述命名，即颜色归纳分类法。按颜色分类，玉主要有白玉、墨玉、黄玉、青玉、青白玉、糖玉、花玉、红玉、绿玉髓、粉翠、雅翠、翡翠。

▲ 黄玉雕凤纹镇纸　元代/明代

长7.5厘米

此镇纸以上乘黄玉圆雕而成，质地温润，色如蒸栗。凤纹线条优美流畅，气韵仿古。

▲ 青玉带皮瑞兽　明代
宽7厘米

▲ 青白玉雕回首马摆件　明代
高5.5厘米

▲ 黄玉卧马 明代

长8.1厘米

▲ 青玉瑞狮 明代

长10.1厘米

第一章　玉器的源流

◀ **青玉璧　明代**
直径13厘米

▶ **青白玉雕双龙戏珠镯　明代**
外径7.7厘米，内径6.0厘米

▲ 墨玉山水人物山子　清代

高8.5厘米

　　山水人物山子，以墨玉制成，玉质莹润，微微泛灰，整体随形雕琢山子，利用俏色雕刻人物、树木等，采用圆雕、镂雕等技法。整体刻画精美细致，琢磨圆润，山水人物景意境高远，为清代文房陈设佳品。

◀ 和田羊脂籽料手镯

直径7.7厘米，宽2.0厘米，重110.1克

第一章　玉器的源流

▲ 和田红皮籽玉金包银罗汉
高9.1厘米，宽5.6厘米，厚5.0厘米，重365.3克

▲ 和田俏色籽玉手链

10件俏色和田籽玉，重78.9克

▲ 和田红皮籽玉手镯
　直径7.6厘米，宽2.1厘米，重106.3克

▲ 和田俏色羊脂籽玉财神把件

高6.5厘米，宽4.0厘米，厚2.5厘米，重109.6克

▲ 和田俏色籽玉母子情深把件

高5.8厘米，宽3.7厘米，厚2.3厘米，重87.2克

四
玉器的作用

中国的玉文化有8000年左右的历史。原始社会时期，人们只是认知玉的物理性质，后来玉器逐渐发展衍生出诸多社会内涵、人文气质。玉器与人类的生活息息相关，具有如下作用。

装饰之美

"玉带五彩，千金难买。"随着人们审美情趣的发展，玉被制成大量的装饰品，如用于饰人的玉冠饰、玉簪、玉朝珠、玉镯、玉项链、玉耳坠、玉扳指等，和用于美化生活环境的玉屏风、玉如意、玉盆景等。

祭祀天地

古代祭祀天地时，会用到玉礼器。玉礼器有一定的规格和使用方法。古人以玉的颜色和形制，配合阴阳五行之说，用以祭祀天地。例如，用苍璧祭天，是因为古人认为天是圆的，又是苍色（青色）的；用黄琮祀地，是因为古人认为地是方的，且是黄色的。

▲ 白玉三钴金刚杵　明代
长13.5厘米

▲ 旧玉持莲童子　明代
高6.2厘米

▲ 白玉双马　明代
长6.5厘米

▲ 青白玉扬扬得意摆件　明代

长7厘米

▲ 白玉雕人物山子　明代

长15厘米

▲ 玉雕螭龙觥　明代
高17厘米

▲ 白玉镯（一对） 清代
直径8.5厘米

▲ 和田籽料玉观音 清代
高10厘米

◀ 青白玉镯　清代

外径8.0厘米，内径6.0厘米

▶ 白玉手镯　清代

内径6厘米

◀ 白玉手镯　清代

内径5.7厘米

▲ **白玉诗文璧　清代**

直径5厘米

取材于白玉，环形，中心镂雕如意云纹，璧正面抛光，阴刻诗文"载瑞合祥，沁吾心房。携此玉暖，灵转芬芳"，落款"莲境使者铭"，钤刻"世三"。璧质地晶莹润泽，洁白匀净，雕工细腻，打磨光滑，造型规整简洁，字体端庄大方，颇有意趣。

▲ 白玉扳指　清代
内径2.2厘米

▲ 和田俏色籽玉观音把件
　　高6.1厘米，宽3.4厘米，厚1.9厘米，重56.2克

▲ 白玉素身活环象耳瓶　清乾隆
高19厘米

▲ 白玉雕双龙赶珠纹双耳瓶　清乾隆
高13.5厘米

▲ **白玉镂雕长宜子孙出沿双夔首玉璧佩件　清乾隆**

高11.2厘米

玉璧镂雕凤纹，镂雕篆书"长宜子孙"，璧上端出沿，镂刻双夔凤顶如意云纹，镂孔可供系绳悬挂。

▲ 白玉雕三阳开泰摆件　清乾隆
长10厘米

▲ 白玉雕父子同禄摆件　清乾隆
长16.5厘米

▲ 白玉雕饕餮纹出戟觚　清乾隆
高18.3厘米

辟邪护身

玉器被人视为通灵之物，自古就有辟邪护身之用。玉器中的镇宅之物常有玉观音、玉屏风、玉兽、玉瓶等。

殓葬用品

古人死后一般都会随葬一些物品，玉器是其中一种。玉器随葬，一是用于保存尸身，古人认为玉可使尸身不腐，晋葛洪《抱朴子》云："金玉在九窍，则死者为之不朽"；二是彰显死者身份的高贵，毕竟穷人用玉器陪葬的很少见。用于殓葬的玉器主要有玉衣、玉塞、玉琀、玉握等。

馈赠礼品

玉器是馈赠的佳品，可用于增加人与人之间的情感交流。不同的玉器文化内涵不同。例如，刘邦赴鸿门宴，分别送项羽、范增白璧和玉斗。白璧和玉斗各有内涵：白璧象征地位尊贵，高高在上；玉斗象征财富、长寿、吉祥如意。

供投资理财

玉器原本稀有，本身具有一定的价值，如若是集艺术、历史、文物等价值于一体的古玉，收藏价值更高，故可供投资理财之用。玉器收藏古已有之，近些年来，随着人们生活水平的提高，投资玉器更是收藏界的一大热门。

彰显身份、地位、财富

玉器自古以来就是权力、地位、财富的象征。玉器在出现的早期，是皇家和贵族士大夫的专属品，它象征着权贵，是权力的化身。至于普通平民，对玉的拥有只是一种奢望。

▲ 黄玉雕三螭龙纹扁瓶　清乾隆

高14.2厘米

　　此瓶为黄玉质，温厚细润，留有大面积天然皮色，颜色祥瑞。敞口，束颈，丰肩，直壁下敛。瓶身以浮雕加圆雕之法饰三只螭龙蟠伏其上，形态各异，打磨光滑，"天然去雕饰"，尽现玉材之美。

▲ 碧玉雕西园雅集图笔筒 清乾隆
高17厘米

第一章 玉器的源流

▲ 灰青玉观鹅图山子 清乾隆
高17.5厘米

▲ 白玉饕餮纹铺首衔环瓶 清乾隆
高20.4厘米

▲ 白玉薄雕西番莲纹耳杯　清乾隆
直径10.5厘米

喻君子之德

玉器在国人眼中，象征着君子之德。孔子说，"君子比德于玉"，提出玉可比仁、智、义、礼、乐、忠、信、天、地、德、道十一德（《礼记·聘义》）。

在德的基础上，玉又衍生出气质、气节等人文内涵，如今天人们常说的"冰清玉洁""宁为玉碎，不为瓦全"。

古人辨玉，首先看重的是玉所象征的美德，然后才是美玉本身所具有的天然色泽和纹理。这种首德而次质的观念，使得玉由单纯的佩饰变为集实用、审美、修养于一体的伦理人格风范的标志。

赏玩展览

作为观赏玩物的玉器，自商周以来就有许多，小的圆雕大多为玩赏品。

博物馆等收藏大量的出土古玉，展览供世人欣赏，或促进国家间的文化交流。如2014年10月21日，为庆祝中法建交50周年，中国国家文物局在法国吉美博物馆举办"汉风——中国汉代文物展"，楚王墓出土的金缕玉衣成为展品之一。

五
中国玉器的发展史

玉器文化是中国文明的一部分。经历数千年的继承和发展，玉器数目从少到多，造型从单一到丰富，艺术风格更是多种多样，体现了玉器的生命力。在各个历史发展阶段，玉器都出现了不同以往的新面貌，呈现出各异的进化状态。

（一）新石器时代

新石器时代，是始于距今8000年前的人类原始（母系）氏族后繁荣时期，以磨制的石斧、石锛和石铲，琢制的磨盘和石锤、石片、石器为主要工具的一大段历史时期。我国是在距今1万年左右进入到新石器时代的。新石器时代的玉器遗存几乎遍布全国各地，分布较集中的有四大地域：一是辽河流域，二是黄河中下游流域，三是长江中下游流域，四是东南沿海地区。其共同特征如下：

就地取材

新石器时代所用玉材均为就地采取，不会是远距离搬运而来的，故尚未进入以和田玉为主流的时代。

玉材有透闪石、阳起石、蛇纹岩等，还有玛瑙、水晶、绿松石及各种纹石。

加工工艺原始

治玉大多是用磨制石器的工艺技术，如锯料、画样、磨、雕、钻孔等，较少使用镂空工艺（属于琢玉工艺），基本上没有使用抛光技术。

新石器后期，出现了专业化的磨玉作坊，从石工中分化出了第一代专业化的玉工。

图案雕工分为阴刻、阳线、平凸、隐起、起突、镂空等做工，往往一个图案采用两种以上的做工，使其有所变化。

造型简单

玉器器形受制于当时的生产工具，造型一般比较简单，多为对自然界动、植物形象的模仿。直方、圆曲、圆方结合，肖生四类均已齐备；肖生玉造型多经抽象化、示意性的简单变形。

纹饰凸显眼睛

新石器时代，玉器光素无纹者较多，纹饰图案题材有面纹（人面纹、兽面纹）和神徽等。面纹有多种形式，差异较大，但无一例外地夸大眼睛，外形为斜立的卵形。

各地差异明显

玉器艺术的地方风格极为鲜明，南、北、东、西各地域的风格迥然不同，并保持着各自的相对稳定性。这是生产力低下、各地文化互相交流不够所造成的。

由实用器向佩饰、礼器转变

最初玉器是实用器物，与普通石头制作而成的石刀、石斧等是一样的，用于日常生活；后来，随着原始人类审美情趣的发展，开始用玉器装饰自己。再后来，玉器被人类视为具有超现实力量的"神物"，被当作神的载体或神而受到崇拜祭祀。

（二）夏、商、西周

夏、商、西周三代属于奴隶社会阶段，青铜取代石，成为生产工具、兵器的主要材料。社会生产力提高，玉器进一步向佩饰、礼器方向发展。该时代玉器的具体特征如下：

材质好、做工细

玉材优越，和田玉占有相当大的比例，其他玉材为辅。做工精良，已使用青铜砣具琢磨，所勾线刻均较硬直、刚劲，少有板滞。制作时相材施艺，据料赋形，使玉器兼得材料与雕琢之美。这种设计手法在夏商周三代普遍应用，并成为玉器制作的传统，延续至今。

佩玉占多数

此期发现的用于装饰的玉器超过半数。尤其是到西周阶段，佩玉盛行。出现"玉德"之说，把君子之德赋予玉，故贵族多佩戴玉器。玉器器件较大，整套玉佩长可过膝。

纹饰夸张

肖生玉器占有很大比重，多数看起来神采奕奕。兽类纹饰多阔口露齿，狰狞凶猛而富有阳刚之气。鸟类纹饰则强调其冠羽和钩喙，颇有妩媚之美，头部放大，身部比例缩小，以流畅的双勾阴线饰其细部。

玉人以象征手法夸大头部，强调五官，旨在以眼传神，不求形似，多作"臣"字眼形，钻圆圈眼瞳。

▲ 灰白玉牛　商代
高2厘米

线条处理得当

玉器线条普遍采用拟阳线手法，即双勾阴线雕饰细部，或磨双勾阴线外侧，使其向外偏坡，再磨去内线边，令其略呈圆弧状，造成阳线的视觉效果。同时还使用单阴线刻饰，背面细部也有只用阴线雕饰的图案。可以说，夏、商、西周玉器是线的艺术。

纹饰独特

商、西周玉器纹饰大多模仿青铜器上的纹饰，如兽面纹、夔龙纹、夔凤纹及回纹、云纹等。但相比青铜器，玉器上的纹饰较简单。

风格统一

玉器出现了模式化、定型化制作风格和统一的时代风格，似乎不分南北东西，各地玉器均处于同一玉器模式之中，有着相同的时代格调。

俏色玉器获得发展

俏色是指对多彩玉和玉中色斑的巧妙运用。使用俏色技巧，可使玉器获得巧妙生动的艺术效果。用这种技巧雕琢的玉器也称俏色玉器，如安阳市小屯北地11号房址出土的俏色玉鳖，巧妙地利用了原玉材的二层色，以黑色玉层作背甲，青白色玉层为头、颈、腹。

▲ 古玉戈　商代

长18厘米，宽7.1厘米

玉质墨绿，夹有黄色斑，色泽晶莹，器身多红褐色沁。上有一大一小两个穿孔；三角援上刃平直，一侧刃微微下凹，钝刃，锋呈三角状；援中起脊，脊两侧形成浅凹槽；阑为减地雕出的一道宽凸弦纹；援后端近阑处有一圆形穿孔。素面无纹。

◀ **白玉蝉纹琮　商代**

高5厘米

◀ **玉琮　商代**

高9厘米，直径7.5厘米

　　玉质墨绿，色泽温润。圆柱形，内圆外方。短射，射部采用去角为圆法琢磨而成，可见明显的加工痕迹。中间圆孔乃对钻而成，孔壁研磨光滑。器表抛光，光素无纹。造型古朴自然，棱角分明，琢磨精致，是商代玉琮中之美品。

▲ 古玉鸟形佩　商代

高2.2厘米，长4.5厘米

玉质青白，玉色润泽，半透明，有黄褐色沁。片状。阴刻单线雕刻出圆目，短尖喙，双足附于腹前，双翼下垂，长尾上翘状；鸟背上歧出一云团状齿；尾末端平直，外撇，中间有一小缺口。其上有一圆形小孔，用以佩戴。造型古朴，刀法简练传神，寥寥数刀，形神兼备。

▲ 古玉柄形佩（一对）　西周

玉质颜色青中带白，质感明净润泽，为典型的青白玉质，器表光洁。一对两件，造型风格相同。片状，近似长方形。柄首作不规则盝顶形，器柄内收略窄，器身由宽渐窄，顶端磨成斜刃状。柄首顶端、器柄与器身分界处各饰一道凹弦纹，器柄饰两道凸弦纹。器柄一侧钻有一孔，可能是用于佩戴。玉柄形佩是商周时期常见的器物，此对玉柄形佩是西周时期同类器物中的精品。

▲ 白玉牛　西周
长5.5厘米

▲ 玉牛佩　西周
长5.5厘米

第一章 玉器的源流

▲ **玉鸟形佩 西周**
宽3.8厘米,高10厘米

　　玉质青黄,色泽温润,局部有灰白色沁。长扁体,造型为一鸟展翅飞翔状。鸟首作桃形,尖喙,颈部内收,双翅展开,中间有一缺,翅尖勾转尖锐,长尾下垂,尾末端分向两边外撇;中间起脊。正面双阴线雕刻"回"字形双眼和勾云纹,背面单阴线雕刻纹样;颈部正面饰三条、反面两条凹弦纹。鸟首双面对钻一圆形穿孔,用于佩戴。器身打磨光滑,造型生动。

◀ **黄玉璇玑　西周**

外径13厘米

玉质青黄，多褐色沁斑。片状，出戟环形。中间为一大圆孔，环外缘等距雕出三个形制相同、每一宽齿的背上各雕出形状相同、等距分布的一组小齿牙，一组四个、两两形状形同而方向相反。该器制作规整，全素无纹。整器呈现出一种灵动之感，诚为同类玉器中的上乘之作。

▶ **古玉璧　西周**

外径16厘米

白玉泛浅黄色，有褐、黄色色斑。圆形，整器厚重。为了充分利用玉料，器形有些地方显得并不圆整。全器素面无纹，内孔留有明显的加工痕迹，可判断为单面管钻而成。据文献记载，玉璧是古代用来祭祀上天的重要礼器。

第一章 玉器的源流

▶ 盾形玉饰　西周

高3厘米

　　玉质青白，有红褐色沁。片状，盾形，上端雕琢成"山"字形。表面用阴刻双线雕刻云纹，沿边缘阴刻双线勾勒出轮廓，棱角分明。

▲ 古玉璜　西周

▲ **玉兽面纹饰　西周**

高3.1厘米

　　玉质青中泛黄，局部有黄色沁斑。兽面造型抽象，四方双角硕大，双目近于菱形，鼻似蒜头。

第一章 玉器的源流

▲ 古玉鸟　西周

长6.5厘米，高6厘米

玉质青中泛黄，局部可见黄色、灰白色沁。圆雕，俯卧状。鸟首平视，圆头，钩喙，鼓胸，两翼收拢，翅尖上翘，双足伏地，垂尾，尾端分开外撒，一侧着地。浅浮雕双翅，用阴刻线纹勾勒出羽毛层次。造型古朴，形态逼真，为西周玉鸟之代表性形象。

（三）春秋战国

春秋战国时期是中国历史上的动荡时期。各地诸侯均制作玉器，故存世数量颇丰。具体特征如下：

玉材上乘

此时的贵族们对玉料的要求很高，所用玉料大多来自和田，质坚细腻，光泽强烈，反射出玻璃光。

艺术风格有突破

玉器的造型不论直方圆曲，都是以斜线或缺口破之，或附加对称的镂空勾连饰，或打破对称格局采取不同纹饰的相对等量的镂空装饰。

玉器纹饰中兽面纹极少，出现变相夔龙首纹、蟠虺纹、涡纹等。与西周相比，在象征手法方面有一些变化：将形象分解，取其局部加以变化，再加以组合，使图案结构细密、精巧而富有新意。

线面处理上采用阴线、双阴线、隐起或隐起加阴线等手法。单、双阴线细劲流畅，隐起之起伏处圆润柔和，磨工、抛光均十分精致。

玉弄器出现

春秋战国时，青铜器中已见弄器。玉器受其影响，也出现弄器，玩赏玉器之风兴起。

佩玉大变

以前佩玉很大，春秋战国时战事多发，受"胡服骑射"的影响，佩玉变小、短而俏，更便于人出行。出现新的襟钩、玉剑首、剑格等玉饰件。

使用铜铁砣

琢玉工具，开始以锻铁造砣，比起青铜砣具在韧度上、强度上均有所提高。这为玉器工艺的提高提供了条件。

第一章　玉器的源流

▲　白玉环　春秋
直径9.5厘米

▲ 古玉龙形带钩　战国

长16厘米

玉质墨绿，包浆鸡骨白色。片状，呈"S"形夔龙造型。夔龙已极度抽象化，头部仅见云状角出齿脊，腹下有一造型夸张的倒"T"字形足，卷尾。阴刻线沿边缘勾勒出龙体的轮廓，全身饰浅浮雕的谷纹。造型抽象，棱角分明。

第一章　玉器的源流

▲ 玉剑珌　战国

高6.9厘米

　　玉质青白，有黄白色沁，正视为束腰倒梯形，横截面呈长菱形。两面均饰勾连云纹，雕工精细。

第一章 玉器的源流

▲ 古玉云龙佩 战国

长8.8厘米

青白玉，玉色温润，局部有黄褐色沁。片状，龙体作蜷曲状。龙首低回，张口，斧形下巴，吻部平直，阴线雕出杏核状眼，尖状角上翘；双足伏于腹下部；腹身镂空雕出角状鳍、双足和卷云纹；尾端尖细、上卷。龙体及边缘用双阴刻线勾勒出轮廓等。造型严谨规矩，研磨光滑，雕饰简洁华丽，极富动态之美感，是一件极为精美的艺术珍品。

▲ 白玉龙形佩　战国

长8.4厘米

玉料为白玉，整体带鸡骨白沁，局部微带黄褐色沁斑。主体为曲身玉龙，在龙身中间部分有穿孔，以便于佩戴或悬挂，造型时代特征极为明显。

▲ 白玉勾连纹璧　战国

直径4.6厘米

（四）秦汉魏晋南北朝

自秦至隋建立前（前221—580），玉文化发展以汉代最为突出，三国、南北朝多是承袭汉代风格，只是形式略为简化。从秦至南北朝，玉器的社会功能有所减弱，其特征如下：

品种齐全

皇室、贵族、官宦、富商等各阶层的日常玉用品种类齐全，如高足杯、角形杯、盒、卮等玉器，华贵典雅，高贵脱俗。铭刻玉器在汉代出现两个新品种，即体现王权的玉玺、玉刚卯。

汉代后期，由于战乱多发，朝廷玉佩式微，汉式艺术风格不存。

▲ 白玉龙纹佩　西汉
长5.4厘米

▲ 白玉卧蚕纹环　西汉
直径5.5厘米

第一章　玉器的源流

▲　白玉乳钉纹透雕龙形璧　西汉
直径9.5厘米

▲ 白玉龙凤纹鸡心佩　西汉
高5厘米

第一章 玉器的源流

▲ 白玉鸡心佩　西汉
高4厘米

▲ 　古玉龙纹鸡心佩　东汉

长7.5厘米，宽3.5厘米

　　玉质青中泛黄，表面多牙黄色斑点，偶见红色沁。扁平、心形，上尖下圆，中间有一圆形孔。两侧各镂空透雕一龙纹，回首，龙体卷曲，饰透雕卷云纹，好似龙在云雾间游动，极具动感；龙体上饰阴线刻云纹等，延伸部分阴刻于器体表面。纹饰构图精美，雕刻技法纯熟。

▲ 玉剑首　汉代
直径5厘米

殓葬用玉完善

自汉代开始，儒家文化占据主流思想地位。儒家提倡孝道、厚葬，推动殓葬用玉在此时达到完善地步。如中山靖王刘胜墓中，殓葬玉组合包括玉衣、玉枕、玉环、玉璧、玉圭、九窍环等。专门赶制的殓葬玉多加工粗糙，艺术上不可取。

▲ 白玉猪　汉代

长9.8厘米

▲ 玉蝉　汉代

长6.5厘米

玉质洁白，华润光亮，晶莹无瑕。此蝉通体扁平，头部双目外凸，尾和双翅呈三角形锋尖。正反两面均为阴线刻饰，以寥寥数十刀压地隐起雕出头、目、背、腹、翼、尾等各个部位，俗称"汉八刀"，线条刚劲，刀法简洁。整体轮廓简朴生动，形态逼真，为典型汉代玉蝉。

现实主义艺术风格成熟

　　鹰、熊、马、猴等动物造型多来自于现实中的动物，无不栩栩如生，活灵活现；形象中又充满着神秘气息，不乏浪漫主义色彩。

工艺越发精湛

铁器的广泛使用，使玉器制作工艺得以提高。出土于中山靖王墓葬中的玉具剑饰十分完美，展现了工艺的精确利落、刚劲娴熟。

以玉佩为代表性玉器

玉佩为这一时期的代表性玉器。汉代玉佩出现镂空的玉龙纹环、玉龙螭纹环等新组件。新型玉器则有镂空神话题材座屏、镂空双龙饰卧蚕纹璧、镂空双螭饰谷纹璧等，均做工精巧非常。

（五）隋唐五代宋辽金

581年隋朝统一天下，之后的唐代开创了中国封建社会的盛世。隋唐与外国友好往来增多，加强了各国间的文化交流，传统玉文化发生巨大的变化。五代、宋、辽、金均受唐玉影响。这一时期玉文化的发展特征如下：

新器形、新题材

受西域于阗国玉带的影响，唐宫廷出现了饰有玉銙的革带，玉銙的图案有胡人奏乐、番人进宝等题材。五代、宋、辽、金等沿袭玉带制度。一些用器中出现飞天图案，飞天呈上裸、披巾、面正、侧卧之形式。一些新式杯具，如玛瑙羚羊首玉杯、玉八瓣、花形玉杯等，受西亚金银器皿的造型影响，在唐代被开发出来。

辽、金玉器的题材越发多样，富有特色，有玉熊、玉交颈天鹅等代表作。

形神兼备

日常用玉花色、品种俱全，琢磨工艺精湛，花卉、山石、禽鸟、神兽等无不神形兼备。肖生玉形象准确，神韵生动，富有现实气息。

▲ 人物玉牌　唐代
长5.4厘米

▲ 玉杯　唐代
高7.3厘米

▲ 古玉沁摩羯佩　宋代
长5.7厘米

青白玉质，局部沁蚀白化，有红褐色沁斑。片状，作口衔尾样。尖下颌，卷鼻，双阴线刻双目，耳、角、须发均为减地隐起雕刻的卷云形，张口衔尾，曲背弓背，躯干呈反"C"形，卷尾。中间镂空以表现摩羯躯干造型，身体饰单阴线雕刻的云纹；尾端用较粗的双阴线和细的单阴线勾勒。造型生动，有种动态之美。

▲ 青玉龙形佩　宋代

长19厘米

玉质青黄，质感温润，器表满布红褐色沁。体扁平，以镂空、浅浮雕加阴线刻琢出首尾相顾状玉龙。龙口怒张，伸舌，上卷鼻，阴线刻出眼睛，云形耳，毛发后飘，身体上浮雕数个扁平乳突，体外侧饰浅浮雕云纹，龙尾上满饰细阴线。首尾之间饰浅浮雕云彩。该龙形佩的造型和雕刻技法都极具宋代之特征。

玉文化开始影响陶瓷业

玉的文化审美标准开始用于瓷器，陆羽在《茶经》中评越窑瓷器时，指出其彩色"类玉""类冰"。

全景式玉雕问世

至宋代时，玉雕已发展成为雕塑艺术的一个分支，出现有"玉图画"之称的全景式构图的人物山水玉雕。

▲ 白玉独角兽钮印　宋代
高4.8厘米

▲ 玉腾龙戏珠纹碗　辽代
直径15.3厘米

第一章 玉器的源流

▲ **白玉雕鹰熊摆件　宋代/元代**

高10.7厘米，宽9.1厘米

此摆件白玉为材，立体圆雕。一熊四肢伏地，双目圆睁，回首仰望。一鹰站在熊背之上，单爪抓住熊背，一足抬起，双翅振振，形象生动逼真。熊双目气势毕现，鹰之翅膀雕刻入微。整体雕刻融合圆雕、线刻等多种技法，将动态的瞬间精巧地把握，栩栩如生地刻画而出。

▲ 褐白玉骆驼把件　宋代
长7厘米

玉器买卖火爆

隋唐时期，玉器开始市庶化，朝廷喜庆节日多使用金银犀玉，故而推动了玉器的买卖。宋朝时出现了古玩店，如七宝社，专门经营玉带、玉碗、玉花瓶等珍贵古玩。

（六）元明清

元明清三代大多时间定都北京，国家局势统一。玉文化呈现一定的新变化，具体如下：

复古风盛行

民间和朝廷大量地仿制古彝玉。特别是到了清朝，宫廷制仿古彝玉器公开题"大清乾隆仿古"或"乾隆仿古"隶书泥金款，再现了青铜彝器朴茂古雅的艺术韵味。

▲ 旧玉璧　元代
　　直径27.5厘米

▲ **玉雕秋山佩　元代**
长6.5厘米

佩灰玉质，带金黄色玉皮，随形雕之，佐以俏色，极好地表现出柞树团簇、虎卧山冈的秋色。老虎五官与身上纹饰皆用阴线刻画而出，简洁而不失气韵。树叶纹理清晰精细，一丝不苟。尾后立猴一只，意欲攀爬柞树，神态栩栩如生，惟妙惟肖。虎首与虎爪间留有三孔，可供穿系。整器构思精巧，独具匠心。

金玉结合

玉器制作中，与金、银等结合古已有之，但明清时代渐多，如玉带钩、白玉兔金镶宝石耳坠、金托玉爵、金盖托白玉碗等。金镶玉在富户的闺房中更是常见。

翡翠迎来盛世

明晚期翡翠制品渐多，至清代中期迎来翡翠的盛世，尤受宫廷追捧，陈设、衣着、用具、供器以及玩物无不用翡翠制成或装饰。乾隆是翡翠的大玩家，他甚至亲自组织收集各地精美翡翠器。

第一章 玉器的源流

▲ **旧玉肿骨鹿　元代**
高5.7厘米
　　玉件整体风格古拙生动，以玉片雕肿骨鹿之形象，鹿体扁平，角长枝繁，体态肥圆，小尾下垂，四肢壮实有力。姿态如在奔跑中倏然止步、悠然回望，将鹿奔跑的迅疾表现得淋漓尽致。

▲ 白玉雕虎纹镇纸　元代

长7.5厘米

白玉质，圆雕猛虎，虎身圆头，圆耳支起，凤眼阔口。虎身卧伏，通体阴线刻划花纹，生动形象。虎爪抱一枚芝草穿怀而至肩上，构思巧妙。

玉器收藏炽热

自明代起，玩玉、陈设玉器之风日益盛行，古玉收藏热兴起。由于古玉有限、供不应求，造假猖獗。

玉文化专著出现

元代画家朱德润《古玉图》，是我国现存最早的专门性的古玉图录。

第一章 玉器的源流

▲ 白玉圆雕童子戏荷摆件 明代

高5.6厘米

以白玉为材，周身带皮色，白色凝润，而皮色黄褐，周身油润。圆雕一童子，阔额圆脸，笑意盈盈，身着长袍，双手举在右肩，同握夏日碧荷于身后。憨态可掬，喜气洋洋，人物眉目、衣褶，寥寥数刀，刻画得细致入微。体量小巧，是一件灵动可人的小摆件。

87

◀ **白玉菱花佩　明代**

长6.8厘米

　　选材白玉，黄褐浸色。整器呈八瓣菱花状，但双面雕琢的图案各不相同。一侧中心花蕊浑圆，为八卦图案，另掏两小孔未透。花瓣依次叠压，叶片内部内凹，表现出花瓣的自然状态，并以单线刻划叶片纹理，流畅舒展，雅趣盎然。另一侧中心花蕊锦地而作，周遭花瓣呈螺旋状依次排开，好似涡轮之势，回旋盘绕。

▲ **黄玉鹿衔灵芝摆件　明代**

长6厘米

　　黄玉质。鹿衔灵芝是古代玉雕的经典题材，鹿呈跪卧状，小尾下垂，头注视前方，圆眼，双耳由阴线刻划而成，双角贴于耳后。口中所衔灵芝硕大，斜伏于后背之上。灵芝头上留有些许黄色留皮，鹿首亦有点滴，别有情致。"鹿"与"禄"同音，寓意官运降临，而灵芝寓意长寿。此摆件不仅玉质名贵，雕工精良，还蕴含美好祝福，实为佳品。

第一章 玉器的源流

▲ **玉雕卧犬 明代**

长6.5厘米

犬玉质，趴伏于地，前爪并伸，后足屈于腹下，尾巴翘起，贴于背上，头轻搭于前腿，嘴以阴线表示，双耳自然下垂，目光乖巧柔和，着实惹人喜爱。犬是玉雕的经典题材，与"全"谐音，取十全十美之意，同时也是忠诚厚道的标志。玉质润泽，刀法圆浑，椎肋清晰可辨，形象栩栩如生。

▲ **白玉衔莲花回头甪摆件 明代**

长10厘米

古兽独角者称为"甪"，狮鼻平口喙，扬眉小圆眼，顶上角与勾云耳后翘。曲四腿回首望天，伏卧于地上，嘴衔缠枝西番莲，颔鬃脑后鬣，脊背及尾部毛绺以"游细毛雕"手法，一丝不苟。

89

▲ 白玉仿古璧 明代

长8.5厘米

　　以白玉为材，玉质紧密而凝润，色白如雪。呈璧状，中空圆环，表面琢磨为涡轮状，并刻划双线变体纹样，类似商周时期玉器的双钩变体龙纹，但以缺乏传统规制，随性而作。玉璧上方雕刻一条赤虎纹样，吻部及尾部各做一穿孔，趴伏在玉璧之上，身体上刻划纹路。整器造型规整，仿古而作，古韵油然而生。

▶ **白玉雕金蟾镇纸**
清早期

长8厘米

白玉质，细腻清润，圆雕玉蟾，身体肥硕，嘴吻宽阔。大眼暴突，满身蟾钮，四肢健硕有力，神气凌然。金蟾寓意财源兴旺，生活幸福美好。

▲ **白玉雕连年有余纹摆件 清早期**

长20厘米

上等新疆和田白玉雕成，局部留皮，色泽丰富。以写意手法圆雕鲇鱼，鲇鱼圆眼阔嘴，口衔水草，身体扁平肥硕，尾鳍翻卷，状如灵芝。鲇鱼身体两侧浮雕莲花荷叶，叶边卷翘，叶筋脉络隐约可见，立体感极强。

▲ 白玉鸳鸯摆件　清乾隆

长20.5厘米

以和田白玉为材，玉质白中略青，圆雕一对鸳鸯，造型生动，翎羽刻画细腻。两只鸳鸯翅膀贴身，游于碧波之上，回首互望，口衔莲花，枝叶扭转披于背上，互相交缠。枝叶舒展，叶脉刻工清晰。全器刻工精细，流畅自然，造型生动典雅，两只鸳鸯神态惹人喜爱，雌雄相随，寓意"鸳鸯富贵，夫妇和谐"。

▲ 青白玉雕螭龙纹海棠式洗　清代

长15.3厘米

第一章 玉器的源流

▲ **灰白玉六瓣式花口碗　清代**
直径10.2厘米

▲ **青白玉双马　清代**
长7厘米

▲ 白玉饕餮纹如意耳瓶　清代
高13.9厘米

▲ 白玉镂雕高士图诗文牌　清代
长5.1厘米

第二章 玉器鉴赏的四大要素

一
玉器的功能

不同的时代有不同种类的玉器，同一种玉器在不同时代的造型也不尽相同。一般而言，玉器的器型可以反映一个时代的人类社会生活风貌、审美趣味和工艺水平。

根据功能的差异划分，玉器可分为礼仪用玉，兵器、节符用玉，装饰用玉，殓葬用玉，生活用玉，观赏、陈设用玉等六类。其中，除礼仪用玉有极大的稳定性，几千年中品种变化不大外，其他几类玉器都随着时代的不同而发生着变化。

（一）礼仪用玉

礼仪用玉，指古人在祭祀、朝会、交聘等礼仪场合使用的玉器，简称礼器、礼玉。

古代举行重大典礼会用到玉礼器，故有"六器"之说，指璧、琮、圭、璋、璜、琥六种玉器。《周礼·春官·大宗伯》："以玉作六器，以礼天地四方，以苍璧礼天，以黄琮礼地，以青圭礼东方，以赤璋礼南方，以白琥礼西方，以玄璜礼北方，皆有牲币，各放其器之色。"不同形制的礼器作用不同。

玉璧

肉径大于好径的扁圆形环状玉器，称作"璧"。古玩行话"肉"是指璧体，"好"是指中间的圆孔。

鹬玉璧这种器形，新石器时代就已问世，如良渚文化时期墓葬中就有素面青玉璧出土，但它们多数光素无纹，器型单一。商周以后，璧肉或肉外缘出现谷纹、蒲纹、螭虎纹、龙纽、凤纽等装饰，甚至还琢刻吉祥文字，如"宜子孙"等。唐宋时玉璧衰落，少见。明、清时期由于复古思潮的影响，玉璧重新振兴，仿古作品大量出现，做工也更加精细、繁琐。

玉璧作为礼器，《周礼》一书中只列有苍璧、谷璧与蒲璧。苍璧为青色的素璧。谷璧即谷纹璧。蒲璧即蒲纹璧。

璧还作装饰之用，或佩饰在身，或悬挂在墙。

在古代，因为璧是圆的，又有和平的寓意。《史记·项羽本纪》记载，鸿门宴后，沛公刘邦逃走，张良以璧送之，为报平安之意。

▲ 谷纹青玉璧　战国/汉
直径13.8厘米

▲ 白玉螭龙纹方璧　明代
长9厘米

第二章　玉器鉴赏的四大要素

▲ 青白玉三龙出廓璧　清代
直径16.5厘米

第二章 玉器鉴赏的四大要素

▲ 白玉仿古兽面纹璧　清中期
　　直径12.5厘米

（正面）

（背面）

▲ 白玉勾云纹璧　清中期
直径6厘米

玉琮

外方内圆的柱状空心玉器，称为"玉琮"。它由琮体、射两部分组成，一般琮体由四个面组成（少见三面组成的琮），上端和下端各有一射。

玉琮在新石器时代出现，至汉代初年消失，清代有所仿制。良渚文化遗址是目前出土玉琮最多的，商代遗址也有出土。琮通常都有纹饰，基本上没有素面的。纹饰基本上是兽面纹，多由椭圆状的双眼、桥形鼻梁、长方阔嘴三部分构成，构图抽象。

琮为礼地之用。《周礼》注云:"琮之言宗,八方所宗,故外八方,象地之形,中虚圆,以应无穷,象地之德,故以祭地。"此外,琮还有象征地母女阴之义。

▲ 灰白玉琮　明代
高6.3厘米

玉圭

玉圭是一种扁平的长方体器物,是"六器"中形制较为繁杂的一种礼器。板状器顶端为平的称"平首圭",顶端为尖的则称"尖首圭"。制作圭的玉料要求颜色为青色,它是礼东方的器物。

圭的纹饰,主要有人面纹、兽面纹、鸟纹等。如故宫博物院所藏鸟纹圭,一面是琢一只鹰,另一面琢一只鸱鸮,都颇显凶恶。

◀ 白玉带沁十二章圭　明代
长18.7厘米

第二章 玉器鉴赏的四大要素

（局部放大图）

▶ **白玉刻龙纹圭　清中期**

长18.8厘米

此件玉圭呈长条形，上端磨作三角，下端正方。圭以上尖下方之形指天，属天子专用。玉质温润坚韧，玉色沉静和暖，石纹暗蕴其中，妙不可言。玉圭上端浅刻北斗七星，主题双行龙赶珠，下端刻海水江崖。

玉璋

玉璋是一种扁平的长方体器物，一端斜刃，另一端穿孔。《说文》释为"半圭为璋"，就是说它的器型与圭大体相同，只是尖端变为斜边，如同现在的裁纸刀。

玉璋流行于商代至西汉时期。商代玉璋造型多为一侧有利刃，一侧中部内凹成弧形。有的尖部呈鱼嘴叉刃，柄与身之间有三组阴刻平行线纹，并有一孔。战国时期玉璋的造型为半圭形，下端微细，制作细腻，磨制光滑。汉代玉璋有桃叶形者，一面平整，另一面隆起，两端各有一小孔。

《周礼》中记载有赤璋、大璋、中璋，边璋、牙璋五种璋。赤璋是礼南方的玉器，由器名看应是红色的玉璋。大璋、中璋、边璋应是以尺寸的大小为别，《周礼·考工记·玉人》记它们的尺寸是"大璋、中璋九寸，边璋七寸"。

▲ 白玉龙凤纹璋　西周
长15厘米

玉琥

玉琥是一种刻有虎纹或雕成伏虎形的玉器。中国古代视虎为百兽之王，因而用玉器雕琢成虎形，或在器物上雕琢虎纹，是极常见的现象。

琥用于祭西方之神。与六器中的其他五种礼玉相比，琥的造型是最写实的。其他礼玉纹饰或造型都是抽象化的几何图形，唯独琥，即使抽象化了仍看得出虎的造型。

琥表面的纹饰多为云纹，由云纹变化成各种屈曲的纹样，也有条状纹、节状纹、鳞纹、谷纹、乳钉纹等。

此外，琥还有带之发兵的作用。《说文解字》："琥，发兵瑞玉，为虎文。"汉代以后，发兵普遍用虎符。虎符正是从琥演进而来的：琥只是单个的；虎符则一分为二，需二符相合无间才能有效。后者用于兵，显然更周密合理。

玉璜

形似扇面的弧状扁平玉器称作"璜"。多由璧或环切成两半、三半或四半而形成，故有"半璧为璜"的说法。

▲ 白玉龙纹璜　战国
长7.8厘米

璜在"六器"中样式最繁杂、数量最多，流行时间也最长。做璜的玉材颜色要求为黑色，用以礼敬北方，故《周礼·春官·大宗伯》有"以玄璜礼北方"之说。此外，玉璜也作为佩饰物。

玉璜始见于新石器时代的河姆渡文化遗址中，流行至唐代。问世之初，均是素面，简朴而庄重。商周以后，出现勾云纹、谷纹、蒲纹等纹饰，并有意将璜体制成龙、虎、螭等动物形象，往往为双龙连体、双虎连体。

（二）兵器、节符用玉

古代用玉制作的兵器、节符，数量相对较少，多出现于两汉以前。

玉制兵器主要有玉刀、玉斧、玉戈、玉锛、玉铲、玉钺、玉戚、玉具剑、玉矛、玉匕首等。部落或诸侯间的战争，军事的发展，是促使玉兵器产生的最重要原因。青铜兵器的普遍使用，则使玉制兵器走向没落，至商代时更多地成为一种仪仗用器。汉以后，玉制兵器就很少见了。

用玉制作的节符是古代用来证信、下达命令或调兵遣将等的玉制品，主要有玉符、玉节、玉璋、传国玉玺等。

玉斧、玉钺、玉戚

玉斧出现于新石器时代，是一种扁平的梯形器，上端有孔，可缚扎执柄，下端有刃。斧的刃部若宽大，则为钺。在斧的两边各加上一行齿牙形饰，则是戚。

玉斧由石斧演化而来，由原先的猎杀工具演化为氏族酋长或部落联盟首领执掌的王权象征物。

第二章　玉器鉴赏的四大要素

▲ 白玉浮雕人物龙纹斧形佩　清代
高8.5厘米

▲ 白玉龙纹斧形佩　清中期
高12.8厘米

玉刀、玉镰

玉刀是玉质的刀形兵器，也作仪仗或佩饰用，其形制各有不同，很多都有纹饰。

镰是新石器时代收割农作物的工具。玉镰上多有小孔，用来系绳套在手或其他工具上使用。

玉刀、玉镰在中国玉器史上同样占有重要地位。据推测，璋、矛、剑等是由刀、镰演化而来。

玉铲

玉铲形似玉斧，为方形或长方形的薄状片。新石器时代的良渚文化、崧泽文化和龙山文化出土玉铲颇多，夏商时代也流行。

1958年，河南省仰韶文化遗址中出土一件玉铲，长13厘米，宽10厘米，用姜黄色玉磨制而成，上窄下宽，上部有圆孔，用以缚柄，下有弧形刃，精巧美观。

玉矛

玉矛和玉戈一样，也是仪仗之用。其形状大同小异，均为尖刃形兵器，多数为素面，少数有纹饰。

玉戈

玉戈是玉质的兵器之一，不供实用，古代主要用作仪仗或佩饰，再就是作殉葬之用。历代墓葬中都有数量可观的玉戈出土，其造型也各不同。有些无纹饰，有的有纹饰，纹饰有线纹、齿纹、雷纹、云纹、兽面纹等。

玉匕首

玉匕首是玉质的短剑，与玉戈形制易混，也是一种尖刃形兵器。一般来说，匕首比戈更狭长，刃较厚钝。

玉具剑

玉具剑是指在剑柄与剑鞘上镶嵌玉饰的剑，包括剑首、剑格、剑璏、剑珌四部分。玉具剑最早出现于春秋战国时期，此时贵族为标榜身份开始在剑上饰玉，战国与两汉越发盛行，后代有仿品。

剑首：又称"剑堵"，镶嵌在剑柄顶端的装饰品，即镡。

剑格：也称"剑镗""护手"，指剑身与剑柄之间作为护手的部分。

剑璏：又名"剑鼻"，镶嵌在剑鞘上之物，用以将剑系于腰带上，固定于腰间。

剑珌：嵌在剑鞘尾部，正面呈梯形，断面呈菱形。

玉玺印

玺也属于印。玺印之分始于周朝。皇帝用的印叫"玺"，臣民用的只能称"印"。

玉玺中，传国玺最为人们所熟悉。每一个朝代在开国之初，都会用玉做一方印，代表政权的建立。开国皇帝故去，太子继位，该印还继续使用，这就是传国玉玺。传国玉玺之制，是从秦代开始的。秦国的传国玉玺制作于秦代。印纽采用盘螭纽，印文"受命于天既寿永昌"是丞相李斯篆写的。印文的字体，各书所记，为鱼虫篆或鸟虫篆。刻印的人，是玉工孙寿。

◀ 敷春堂宝交龙钮玉玺　清嘉庆

长12.2厘米，宽12.2厘米，高9.5厘米

▲ 嘉庆御笔之宝交龙钮碧玉宝玺　清嘉庆

长12.5厘米，宽12.5厘米，高11厘米

▲ 慈禧太后岫岩玉雕双龙钮翊坤宫珍赏长方印玺　清光绪

长14.5厘米

历代玉器收藏与鉴赏

▲ 御制白玉交龙钮自强不息宝玺　清乾隆

长7.5厘米，宽7.5厘米，高5.5厘米

▲ 白玉兽钮印章　清代

第二章 玉器鉴赏的四大要素

▲ 白玉龟钮印章　清代
长4.5厘米，宽4.5厘米，高5.3厘米

玉符

符,是朝廷重要的证信之物。符的特点是,不论为何种造型,都是一分为两半。朝廷派员驻守外地,便把一半符给他,如果朝廷有命令下达,去传达命令的人就要拿着朝廷保留的另一半符作为信证。当两半符拼合到一起无误时,便叫"合符"。这就是玉符的使用方法。

为防止伪造,玉符上还刻有文字。

玉节

玉节指古代天子、王侯的使者持以为凭的信物。玉节是完整单一的玉器,不像玉符。玉节的用途在《周礼地官·掌节》中有说明:"掌守邦节而辨其用,以辅王命。守邦国者用玉节。"

玉节可分为珍圭、牙璋、谷圭、琬圭、琰圭等。《周礼·春官·典瑞》记载:"珍圭以征守,以恤凶荒;牙璋以起军旅,以治兵守;谷圭以和难,以聘女;琬圭以治德,以结好;琰圭以易行,以除慝。"这说明每种玉节是有各自用途的,不可乱用。

(三) 装饰用玉

装饰用玉指佩戴在人体头、颈、胸、手臂等部位,增加整体美感的玉器饰品。

装饰用玉在新石器时代即已出现,但其装饰功能与礼仪、祭祀等功能交织在一起;多为形制简单的玉佩饰、玉耳饰等。商周时期佩饰玉大量出现,大多为扁平片状器。西周晚期至战国是玉器发展的繁荣时期,佩饰品种繁多,既有单件的佩饰,还盛行玉组佩,即由多种(块)玉联成的佩饰。汉代装饰玉器风格鲜明,阴线细如游丝,清晰有力,线条简练流畅,这种技法有"汉八刀"之称。唐代玉器数量不多,但出现玉飞天这种独具风格的佩饰。宋代以后，人物、动物、植物等各种造型玉佩饰极为盛行。明清时期，具有吉祥寓意的玉佩饰成为主流。

玉带

玉带由玉銙、铊尾和带扣组成。

玉銙就是嵌钉在革带上的方形或椭圆形玉板。玉銙的数目不等，多的可达20多块，上雕绘图案。图案在明代以前多为人物形象，如番人进宝、执凤头壶、持杯、乐舞、吹奏、击鼓等形象；明代中期兴起吉祥图案，如松鹤、麒麟、三羊、百兽等。

位于革带首末两端的玉板，为铊尾。

玉带用于官员服制始于唐高祖李渊时期。《唐实录》记载："高祖始定腰带之制，自天子以至诸侯、王、公、卿、相，三品以上许用玉带。"此语凸显了封建制度下的等级观念和权力观念。唐以后的辽、金、元、明等朝代，官员服制中均沿用玉带制度。

玉带钩

带钩是腰带上系的钩。

带钩一般由钩首、钩颈、钩体、钩面、钩尾、钩柱、钩钮等组成。造型多种多样，常见的有水禽形、琵琶形、棒形、兽面形、耙形等。

带钩有两大用途：一是安装在腰带上，供悬挂东西用；二是分别套结在腰带的两端，两钩相挂，作为束腰用，犹如现在的皮带头。

玉带钩起源于新石器时代，一直延续到明清，但商、周、隋、唐较少见。各时期均有变化，具体区别如下：

新石器时代：均为长方体，一端为孔，一端为钩，没有钩钮。光素无纹饰。

春秋：呈"S"形，有的无孔无钮，有的有钩钮无孔。

战国：多呈棒形、琵琶形、耙形；钩钮多为方形钮、圆钮；部分带谷纹、"S"形云纹、花蕾纹、勾云纹等纹饰。

汉代：钩首较战国小，有鸭首、兽首、龙首等造型；钩钮多为圆形；玉带钩上出现螭虎纹、双翼神兽纹等；钩身或采用打洼的雕法，呈现有几道凹槽。

魏晋南北朝：首创龙首凤体造型，钩首与钩体的图案合一；钩钮多圆形，钮薄而小；纹饰线条较软，阴线条粗，为螭虎纹、穿云造型。

▲ 白玉螳螂捕蝉带钩　清乾隆
长9.5厘米

此带钩选用上等白玉玉材，雕琢精美。正面圆雕螳螂头形钩，对面卧蝉。螳螂形首，双眼圆而突出，向前注视，钩身中部隆起，俗称"螳螂肚"，钩身上浮雕小蝉一只，双翅收拢，亦琢卷云纹，钮靠近尾部，整件寓意"螳螂捕蝉"，为辟邪祥瑞之物。整器质地紧密细腻，包浆厚重自然，形态优雅流畅，题材别具匠心。

宋代： 多仿汉代螭虎纹玉带钩，但螭虎脸呈斗方形，螭虎眼睛上挑，眼眉线条粗且深。螭虎脑门中间有一竖阴刻线，为东汉首创。钩钮小于钩体，钮多为圆钮、椭圆钮。

元明清： 造型多为琵琶形、螳螂形、圆棒形、条形、水禽形及各种兽形；钩首、钩背上出现灵芝纹、如意头纹、鸟纹、凤纹、龙首螭虎纹等纹饰。

▲ 白玉带钩　清中期

长11厘米

带钩白玉质，钩作龙首形，龙口方形，微张露齿，嘴角横琢一孔，额部较平，龙角贴于颈部，上面浮雕大小松鼠，调皮地游玩于累累果实之间，活泼可爱，栩栩如生。

▲ 黄玉龙带钩 清代
长10厘米

▲ 白玉雕龙钩（一组四件） 清代
从上到下分别长9.8厘米；长9.3厘米；长7.8厘米；长6.8厘米

玉项链

项链是颈饰最常见的形式，是把一颗颗珠形器、管形器串在一起，两端系住，成为一圈。

玉质项链出现很早，石器时代的墓葬中常发现绿松石项链、玉管项链。殷商时代墓葬中，也发现用蚌珠、琥珀、松石、软玉制成的珠形颈饰。西周和春秋战国时代的颈饰出土比较多，形状也富有变化，由多种器形组合而成。至今，项链仍是重要的颈饰，样式造型极多。

做项链的玉材有翡翠、软玉、珊瑚、玛瑙、琥珀、绿松石等。

玉臂环

玉臂环作为一种日常佩饰，新石器时代就已出现。新石器时代的玉环，基本造型为扁平的圆环状，玉环中心稍厚，边缘较薄，通体磨光，制作精致，有的在外壁表面雕琢出四组兽面纹。

战国玉环种类很多，有丝束环、云纹环、谷纹环、龙纹环等。玉环在汉代使用仍较普遍，形制多样。魏晋时的玉环略有变异，环面素朴无纹，只在圆形外侧对称雕出两长方形凸起。唐代玉环呈圆形，体较厚，多琢成内外六瓣莲花形，束腰。宋代有扁圆形玉环，如早期形制。明清两代玉环多雕团龙纹、蟠螭纹，龙身多饰鱼鳞纹，旁衬卷云纹或雕为竹节形整器。

玉镯

玉镯是腕部饰品，由早期的臂环和瑗发展而来。人们认为玉镯也有辟邪及护身功能。

唐代出现镶金玉镯。宋代玉镯呈圆环形，内平外圆，光素无纹。明清玉镯多有纹饰，如联珠纹、绳索纹、竹节纹等。

▲ 白玉手镯（二件） 清中期

内径5.3厘米

第二章　玉器鉴赏的四大要素

▲ 白玉雕龙纹镯　清代

宽7.8厘米

手镯取材白玉，通体阳雕云龙纹，龙身细长，环绕盘踞镯身，上阴刻龙鳞，龙目传神，颇具威严。做工精致细腻，于清秀中见典雅华贵之气。

玉指环

玉指环指套在手指上的环形饰物。玉指环在新石器时代已出现，之后形制多有变化。还镶嵌有各种宝石的指环，俗称"嵌宝戒指"。

玉扳指

玉扳指是套在拇指上的圆筒形饰物，古人射箭时用以开弓勾弦。古代称"韘"，上面有洞眼和弯钩，洞眼便于穿绳系在腕上，弯钩作勾弦之用，其形状颇像靴子。后来这个筒状变成上下一般粗，也不再带钩，称为"扳指"，成了手指上的一种装饰品。

现在常能见到的玉扳指，大多就是这种既无钩、也无洞眼的简单的筒形饰物，所用材料多为翡翠、白玉、青白玉和碧玉，且多数光素无纹饰，少数有乳钉纹、涡纹和云纹等纹饰，还有少量饰有人物或花卉鸟兽浮雕。

第二章 玉器鉴赏的四大要素

▲ **青白玉带皮高士图扳指　清早期**
直径3厘米

▲ **白玉山水图扳指　清代**
直径3厘米

▲ 白玉扳指（二件） 清代

▲ 白玉留皮子辰扳指 清中期
直径3.7厘米

玉梳

玉梳又名"栉"，包括密齿和疏齿两类。疏齿类，名"梳"，主要用于梳发；密齿类，名"篦"，主要用于除垢。目前最早的玉梳出土于陶寺龙山文化墓地，商代妇好墓也有出土。

玉簪

簪古代用于绾住头发，或别住帽子的一种装饰玉器。玉簪最早出现于龙山文化时期，但较少。商代较多，但为平顶，顶部有夔龙形饰。西周玉簪为圆锥形，并分两股，顶端相连。隋唐玉簪为双股椎形，顶端为拱形。宋代玉簪形式多样，孔雀形居多。明代玉簪只有单股。清代玉簪比较华丽，细长，顶部成耳勺状，且有双股绳索纹，簪首有透雕的双狮戏球、梅雀等。

玉笄

玉笄是绾发用的细长尖头形玉器，有些上端雕有各色造型和纹饰。玉笄的用处是插入发髻，使其不散开。男子的玉笄则兼有绾发、固冠双重作用。

玉耳环

在我们所看到的古代玉人纹佩上，常可见到其两耳下都琢有耳环，可见我们的先民很早就有戴耳环的习惯。这一习俗绵延不断，一直延续至今。耳环的材料多用翡翠和软玉，其形状也丰富多变。

玉瑱

玉瑱是古时的一种耳饰。关于它的佩戴方法有三种说法：一是塞于耳中；二是系于笄簪上，悬于耳侧，此说为主流；三是在耳垂穿孔佩戴，即现代人们所说的耳坠。

《五礼通考》曰："瑱不特施于男子也，妇人亦有之，不特施冕也，弁亦有之。"说明古代用瑱非常普遍。玉瑱在上海青浦县福泉山墓葬、巫山大溪新石器时代遗址及广东曲江石峡墓葬中都有发现。

戚璧

也有人称之为"牙璧",形状像玉兵器中的戚,外边有齿牙。戚璧的器型是依据其中间孔的大小而定的:

第一种,中孔的大小可以容发,边缘比较锐利,为束发之器。

第二种,中孔颇大,边缘不锐利,像是在外缘上刻了几个缺口,可能是臂饰。

第三种,中孔极小,不能束发,也不能佩在臂上,可能佩在腰间,作为腰间佩饰。

帽正

帽正是一种缝在帽子上的装饰玉,多为圆形,扁而平,上大下小,底下有象鼻眼,既有美观的作用,又有"正冠"的实用功能。唐宋元三代已有流行,明清两代使用较多。

璎珞

璎珞是一种颈饰,通常是用线缕穿一串珠玉制作而成。璎珞和项链虽然同为颈饰,但在器型上有着不同,璎珞在项链环状的基础上又增加了若干条对称下垂的珠串,更显丰富和华丽。

翎管

翎管是清代朝服官帽顶上插翎子用的饰物。顶戴花翎,是清代高官显贵的标志之一,由皇帝赐戴。花翎就是孔雀尾部的翎羽。翎子是划分品级的标志。文官依官阶插黄翎、蓝翎、花翎,武官则用雕翎、雁翎。按官阶又有一眼、二眼、三眼翎之分。

翎管呈一端略粗的圆柱形,一般长约7厘米,直径为0.5厘米~2厘米。圆柱顶部突出一鼻,鼻上钻一横孔,用以连接帽顶。圆柱下部(粗的一端)中空,用以插翎子。翎管用材可选用玉红宝石、蓝宝石等。

玉锁

以锁形为玉坠,表面刻有"长命百岁""永葆青春""玉堂富贵"等吉祥语,多用于儿童佩戴。

▲ 白玉福寿康宁锁　清中期

高9.1厘米

玉锁呈如意云状，锁栓下镂空，用以佩戴，玉锁正面减地刻"福寿康宁"四字，另面浅浮雕灵芝、牡丹等花草纹饰，寓意"长命富贵"。

玉刚卯

玉刚卯又名"玉严卯",方柱状,中有穿孔,以作穿绳佩挂之用,一般高约2厘米,宽约1厘米,大小不尽相同,四面皆刻有两行咒文,通常刻34字,有的刻32字,经常成双佩戴,用以护身辟邪。

玉刚卯主要流行于汉代,后世多有仿品,但与汉代风格不同。

《汉书·王莽传》颜师方注引服虔曰:"刚卯,以正月卯日作,佩之。"故曰"正月刚卯"。

刚卯上的字体为古代殳书,非常难认,也有的刚卯用汉隶或小篆。一般认为凡字体清朗可读者,皆后人伪刻。

司南佩

司南佩形状像是一件两层的扁方勒,中间凹细处有一个横着的穿孔,为穿绳用。器的两端,一端雕一把小勺,一端琢一个小盘。司南本用于正方向,后来,玉匠摹状而琢成佩饰,便有了司南佩。古人认为,出门挂司南佩可得吉祥。

玉人佩

玉人佩饰在历朝历代均有出现。年代不同,玉人造型有别。新石器时代,玉人佩多为人面造型。商代玉人佩多围成跪坐、蹲踞或双手扶膝状。战国时期出现玉舞人。汉代玉人佩的雕琢不强调精细入微,而是以流动的弧线表现玉人的总体精神。唐代玉人佩富生活气息,如玉人骑象佩。宋金时期的玉人佩多为儿童造型,形象逼真。明清两代喜雕各种吉祥喜庆、戏嬉游乐的玉人佩,如嬉婴、罗汉、寿星、仕女之类。

雕刻玉人佩时,通常使用高档玉料,一般都选用质地细润、颜色均匀的翡翠、珊瑚、白玉、青玉、碧玉、青白玉、青金石、绿松石等。

作为饰佩器的玉人,一般形体较小,立体雕,有穿孔,便于系绳。另外,还有一些玉人用于居室陈设、赏玩,历史上也较多见。

▶ 白玉浮雕刘海戏蟾牌　清代
高5.2厘米

▲ 白玉人物佩　清代
高6厘米

玉翁仲

翁仲为辟邪之玉器，是一种特殊的玉人佩。翁仲本是秦时战将，姓阮，安南人，武艺高强。他死后，以其形象雕成石人用来守护坟墓、宫廷。玉翁仲则可随身佩带，用以驱除邪魔。玉翁仲造型十分简单，穿孔方法或从头至足通心穿，或从头至胸腹间分穿两洞。

玉凤

龙和凤是我国古代最神异的兽和鸟。所谓"龙凤呈祥"，凤不仅常和龙出现在同一个图案中，而且凤单独造型的玉雕也常见。殷墟妇好墓出土的一只玉凤，造型雍容华贵，气度不凡。历朝历代各式造型的玉凤很多，大多也为板状体、侧面形。

▲ 白玉龙凤佩　清代
长7.6厘米

第二章　玉器鉴赏的四大要素

▲ 白玉凤纹佩　清代
高6厘米

▲ 龙凤对牌　清代
左高5.5厘米，右高5.8厘米，左重26.9克/右28克

玉羊

常见的生肖器之一，因为古代"羊"通"祥"，"大吉祥"常写作"大吉羊"，所以以羊为题材的玉雕就特别多。

▲ 白玉羊　明代
长6.5厘米

第二章　玉器鉴赏的四大要素

▲　玉雕卧羊　明代
长7厘米

▲　白玉羊摆件　清代
长5厘米

玉鹿

玉雕中玉鹿出现的频率相当高。有立体的，也有板状体、侧面形的，造型一般都夸张其鹿角的分枝。又因"鹿"与"禄"谐音，寓意吉祥，更为世人所钟爱。

▲ 白玉鹿　清代
长5厘米

玉兔

兔也是可爱的动物，加上月中玉兔的传说，兔也成为玉雕家最爱表现的题材。玉兔有立体的，也有板状体、侧面形的，一般都喜夸张其颀长的耳朵。

▲ 白玉玉兔望月佩　清代
高6.7厘米

玉辟邪

辟邪是一种传说中的动物，因有辟除邪恶之意，故为古人所重。其体形有些像狮子，有角（独角或两角），有翼，其形制不遵规矩，常同中有异，异中有同。

▲ 白玉辟邪佩　元代

高6.5厘米

以白玉透雕而成，通体刻玉辟邪，辟邪跪坐，曲颈仰天而望，形态生动逼真，线条流畅，局部有金红色沁，更显色泽之丰富，为配饰佳品。

玉麒麟

麒麟也是一种瑞兽，与龙、凤、龟并称为"四灵"。其身体像鹿，头像羊，有角，牛尾，马蹄。由于是传说中的动物，故记载不尽相同。陆游诗句曾曰："同舍事容悦，腰佩玉麒麟。"

▲ 白玉雕双麟纹摆件　清乾隆

长13.5厘米

此件玉麒麟以整块白玉雕琢而成，体量较大，采用立体圆雕手法，兼以透雕、深雕、阴刻等多种工艺琢制。麒麟前肢呈立姿，后肢坐卧，顶有独角，双目圆睁，昂首前视，双耳后掠，口衔灵芝，牛蹄形足，宽长狮形尾。背负一幼麟，幼麟跃然回首，前匍后立，造型生动可爱。

▲ 白玉雕麒麟背书摆件　清乾隆

长8厘米

　　此件玉麒麟以整块白玉雕琢而成，采用立体圆雕手法琢制。麒麟呈立姿，牛蹄形足，前肢一足向后抬起，作行走状，宽长狮形尾，尾向背卷并紧贴。麒麟顾盼回首，口吐烟雾，背负书，书下有祥云。

▲ **青白玉雕麒麟献瑞镇　清乾隆**
　　长8.6厘米，宽3.2厘米，高6.5厘米

　　以青白玉精制而成，圆雕，麒麟四肢趴伏于地，口衔灵芝，扭头后望，气势威猛。麒麟头生独角，双眼圆凸，须发后扬，腿足蜷曲，自肋下生出双翼，尾分三叉上卷。灵芝、兽口用镂雕之法刻画，双翼、尾部、四肢则以高浮雕表现，腹部以简练斜刀雕出浮凸的肋骨，须发处施细密的阴线，腿鳞、脚趾、腮纹等亦一一刻画，甚至于瑞兽扭首时颈部产生的纹褶也一丝不苟，尾部及灵芝借土纹略作俏色。

▲ **碧玉雕麒麟负书摆件　清乾隆**

长18厘米，高12厘米

　　以凸、透、深雕、阴刻等多种工艺立体圆雕而成。麒麟卧伏，回首，双目圆睁，身躯饰鳞纹，牛蹄足向内弯曲，狮形尾上翘挺立。口吐烟云，背负书，书下有祥云承托。古称麒麟为仁兽，是祥瑞象征，且能吐玉书。相传孔子诞生之前，有麒麟吐玉书于其家院，上书"水精之子孙，衰周而素五，征在贤明"。文庙、学宫中还以麟吐玉书为装饰，以示祥瑞降临，圣贤诞生。此后，"麒麟送书""麒麟送子"逐渐成为祝颂之辞，寓意早得贵子。

玉蟾蜍

蟾蜍俗称"癞蛤蟆",样子本不受人喜欢。但传说月亮上有蟾蜍,"刘海戏金蟾"的民间故事也与财富有关,故玉蟾蜍也受到青睐。特别是三足蟾,更是人们为求财而争购的对象。

◀ 白玉浮雕刘海戏蟾福寿牌　清代
高7厘米

▲　白玉蟾蜍　清代
长5.6厘米
玉蟾以质地优良之和田白玉雕琢而成,质地柔润洁白,整体圆雕,肥美圆润,讨人喜爱。

玉鱼

鱼因为和人类的日常生活息息相关，所以自殷代开始，历代都有出土或传世的玉鱼，其形制也没有太大的变化。又因"鱼"与"余"的谐音，"年年有鱼"即成了"年年有余"的同义词，玉鱼更成为人们喜爱的玉器之一。

▲ 白玉鲶鱼佩　清代

长6厘米

佩白玉质，圆雕一大一小两条鲶鱼，身体皆弯曲，大鱼头微抬，小鱼伏于大鱼身前，两鱼两两相对，中有一枝灵芝。鱼扁平头，大口，圆眼，长须，身体肥硕。"鲶"谐音"年"，"鲶鱼"寓意"年年有余"。玉质莹润洁白，几无杂质，刀法圆浑，风格写实，材质雕工俱佳，题材吉祥，实为妙品。

▲ 白玉鱼　清代
高9厘米

▲ 白玉双鱼盘　清乾隆
直径 14厘米

▲ 青白玉吉庆有余纹佩　清中期
高5.8厘米

玉鸟

常见的玉鸟造型有枭（俗称"猫头鹰"）、鹰、鹤、鹦鹉、鸽、雁、鸳鸯、燕、天鹅等。有些以凶猛著称，早期的玉鸟多为鹰和枭；有些以吉祥闻名，如仙鹤即为长寿的象征；有些则以美丽可爱而招人喜欢，如鹦鹉、鸽、鸳鸯等，其中鸳鸯还是爱情的象征。

▲ 白玉一鹭莲科摆件　清早期
高12.5厘米

▲ 白玉圆雕天鸡尊　清代
高18厘米

第二章 玉器鉴赏的四大要素

▲ 白玉圆雕天鸡尊　清代

高27厘米

　　天鸡尊以整块白玉雕琢而成，局部有黑色沁。天鸡昂首直立，双翅紧贴体侧，羽毛弯卷而上，长尾弯卷垂地，喙边长须飘逸，站立于花轮之上。其背负一方口尊，尊盖顶双凤鸟扭身对视，方口，束颈，折肩，直腹斜收。

玉獾

"獾"谐音"欢",故玉雕佩件中常会有玉獾出现,并以两只獾合雕在一起为多,寓意"合家欢",是馈赠之佳品。

▲ 白玉四色巧雕瑞兽同欢纹摆件　清早期
长10.5厘米

玉莲藕

莲为高洁之植物,它出淤泥而不染,加之"藕"谐音"偶"、又寓有"节节通"之义,因此玉雕佩饰件中常有莲藕出现,其多重文化内涵尤为世人所喜爱。

▲ 白玉莲藕摆件　清中期
长14厘米

（四）殓葬用玉

古人信奉灵魂不灭，希望死后尸身不朽。而玉器被认为有神奇的功能，能使尸身不腐烂，因此从商周时期起便已初步形成葬玉制度。

人们将陪葬的玉器统称为"葬玉"。葬玉有狭义和广义之分，广义的葬玉泛指一切随死者葬在墓中的玉器，如礼玉、佩玉、日常用玉等；狭义的葬玉指专门为保存尸体而制造的随葬玉器，包括玉衣、玉琀、玉握、玉塞等。

玉衣

用丝线将各种形状的玉片连结起来组成的甲胄状殓葬用玉器，称作"玉衣"，也称为"玉匣"。玉衣由头罩、臂套、手套、上身套、腿套和脚套六个部分组成。按连结丝线质地的不同，玉衣可分为金缕玉衣、银缕玉衣和铜缕玉衣三种。

玉衣是严格的等级制度的产物，在汉代只有皇帝、贵族、诸侯可以使用。连结丝线质地的不同，是区分身份地位的标志。

制作玉衣的玉片一般为方形或长方形，局部为梯形、三角形或多边形。每片玉片的四角各有一个穿孔，以备缀结用。到曹魏时期，这种葬式绝迹。

玉衣往往与玉琀、玉塞、玉握、玉枕等匹配使用。

玉琀

玉琀也叫"琀玉"。顾名思义，指含在口中的玉。玉琀主要有两种形式：一是蝉形；一是圆柱体，两端稍圆滑。另外，还有龙形、不规则形等。玉蝉形制较简单，在一块小玉上用简单的几刀琢刻出双眼、头部、双翅及简单的纹饰即可。蝉在中国古人的心目中地位很高，向来被视为纯洁、清高、通灵的象征，含于口中则可使死者身体不受邪魔侵扰，同时净化身体，以求进入仙界。它出现的时间较早，在新石器时代晚期就已有发现，后来一直兴盛不衰，直到南北朝时期仍有发现，唐宋以后渐少。

玉塞

玉塞与玉琀相似，只是放置部位不同，有耳塞、鼻塞、肛塞和眼塞等，是为"九窍塞"。玉塞都是很简单的小型圆柱体玉，也有的一端平直，一端圆尖，类似子弹头。也有依照放置部位的形状制成的，但也只有象征性的样式。玉塞放置的方法略有不同，耳塞、鼻塞、肛塞、口塞（玉琀）是直接塞入孔窍之中，眼塞则是覆盖于双目之上。

玉握

玉握是握于死者手中的玉器，有的为璜形，有的则是猪形，也有的是其他形状。玉猪或滑石猪在汉代至南北朝时较为流行，其造型、纹饰都很简练。

玉枕

玉枕是是玉衣葬中不可缺少的物品。一般是长方体，中间略凹，复杂一些的则在两端及四面装饰浮雕、透雕或阴刻纹饰。

（五） 生活用玉

随着社会的发展，玉器原始的作为权力和社会等级的象征的礼器和葬器等功能逐渐削弱，其作用更多地体现在日常生活中，变为实用器具，即生活用玉。生活用玉可分为两类：

一类是日常生活用具包括玉瓶、玉杯、玉碗、玉壶、玉盘、玉盒、玉盆、玉香炉、玉花插等。这类用具多为王公贵族所用的奢侈品，做工精细，多雕饰复杂花纹。但由于其用材较大且不易掏膛，故在宋代以前很少出现大规模制作，品种较少，数量也不大。到了明代，这类玉器具才开始大量制作。

另一类是文房用具，指在书写和绘画过程中实际使用的玉制文具，包括玉质的笔杆、笔架、笔洗、砚滴、砚台、印章、镇纸等等。它们大约出现于宋代，明清时期达到鼎盛。工艺不一而足，有光素无纹的，有琢刻文字和图案纹饰的，还有浅浮雕、透雕、圆雕各种动植物纹样的。

玉杯

杯是盛酒、水、茶等的器皿，多为圆筒状或喇叭状，比碗小。玉杯形制丰富，有带柄、无柄之分，纹饰图案丰富，以汉代、宋代、明代和清代的最为出名。

▲ 白玉高士双耳杯　明代
直径10.5厘米

▲ 白玉铺首耳杯　明代
直径13.4厘米

第二章　玉器鉴赏的四大要素

▲　白玉三螭杯　明代
直径12厘米

▲　白玉杯（一对）　清雍正
直径7.9厘米

▲　黄玉灵芝纹把杯　清代
直径11.5厘米

玉盒

明代为多,有方盒、圆盒、桃式盒、荔枝盒、银锭盒、蔗段盒、蒸饼盒等式样。

方盒有较多变形处理:有的上宽下窄,底部有足;有的上下等宽,底部稍凹;有的盒盖隆起;有的四壁稍有弧度。

▲ **白玉龙纹盖盒　清代**

直径7.7厘米

玉盒以整块玉料雕琢而成,呈八方型,盒盖及盒身高矮相同,盖钮立体圆雕二龙戏珠,侧壁雕暗八仙纹,盒身侧壁则统一雕夔龙纹,下出短足。玉盒无论材料或是雕工均佳,极富收藏价值。

第二章 玉器鉴赏的四大要素

▲ **白玉花卉圆盒　清乾隆**

直径14.2厘米

玉盒呈圆形，质地优良，莹润洁白。整体造型圆润精致，各种线条十分优美。盖盒上下子母口扣合，外壁修整圆润，下承浅圈足。仅盖面浅浮雕"十"字形卷草花叶纹饰，所刻纹样枝叶宽阔，姿态舒展，有明显欧洲宫廷洛可可式花卉风格，是为清中期西方艺术元素在中国宫廷之中流行之际的创新艺术作品。

▲ **白玉卧蚕纹圆盒　清中期**

直径8.3厘米

玉盒呈圆形，盖与身各占一半，均呈半球形，盖钮做方状，内套活环。玉盒外壁主体纹饰为卧蚕纹，与盒盖对应的盒身纹饰布局相同，一一对应。此件圆盒不但质地纯美，雕琢也精细异常，是不可多得的玉雕佳品。

玉灯盏

古代点油灯照明，灯盏多为铜、陶瓷所制，玉制较少。玉灯盏的形制较多，有高足、斗式、钟式、荷叶形等。玉灯盏的耳柄也有诸多造型，如双童耳、双龙耳、双花耳等，颇具特色。

北京故宫博物院现存一座战国玉灯，高12.8厘米、盘径10.2厘米，由盘、支柱、底座三部分组成。灯盘圆形浅腹，中心凸起一团花柱，底座呈覆盘状，表面浅浮雕出柿蒂纹，边缘和底座内部饰勾勒连云纹。

玉碗

受工艺技术影响，明代以前玉碗不多。明代玉碗胎较厚，有敞口、直口两种，圆形，碗外壁饰有龙、鱼、花卉、山水人物等纹饰。

花卉纹玉碗多为永乐、宣德年间的作品，碗壁饰有大花、大叶，叶面和花瓣布局不满，留有较多的空白，雕法多是在图案边缘处以斜刀剔下，图案表面与碗壁似处于一个平面上，或用浅浮雕凸出图案。

龙纹、鱼纹的玉碗多为嘉靖以后的作品，龙身细长如绳，爪如风车，发短而前冲，环眼如灯。

▲ 白玉痕都斯坦碗　清代

直径17.5厘米

此件作品以和田白玉为材，雕琢海棠式痕都斯坦风格玉碗，碗身光素琢磨精致，外壁近足处以浅阴线雕花叶纹，碗左右装饰花苞状双耳，整体风格灵动柔美。

▲ 青白玉镂雕缠枝花卉纹碗　清代
直径10.5厘米

▲ 青白玉盖碗　清代
直径 10.2厘米

▲ 白玉碗　清代
直径9.3厘米

▲ 白玉如意纹盖碗　清中期
直径9.5厘米

▲ 青玉大碗　清乾隆
直径17.2厘米

玉手杖

玉质手杖在历代均有发现，在器型上区别较大。汉代玉手杖最为珍贵，其通常分节制作，由凤鸟形杖首及下部数节玉块组装成器，连接的各节之间用青铜棍从中心镶牢，有的杖节部做成竹节状。圆柱杖体上常浮雕螭龙纹、凤鸟纹、云气纹等。

玉樽

樽是古代一种大中型温酒或盛酒的器皿。樽一般为圆形，直壁，有盖，腹较深，有兽衔环耳，下有三足。盛酒樽一般为鼓腹，圆底，下有三足，有的在腹壁有三个铺首衔环。

现存玉樽主要为汉代器，呈筒状，上饰有带状夔凤纹、凸起的螺旋谷纹等。

玉瓶

玉瓶是清代重要的玉陈设，大玉瓶高度在50厘米以上，有圆肚瓶、观音瓶、齐肩瓶、八棱瓶、方瓶、扁瓶、葫芦瓶、宝月瓶等几十种。

扁瓶：瓶体扁而高，有四方、八方、斜方、腰圆等形，上部较下部宽，颈两侧有双耳(可为象耳、兽耳、鹿耳、贯耳、花耳)，耳下多有活环，方形或椭圆形足，瓶上有盖，盖纽大多采用卧兽、花蕾、叠片、寿星等纹饰。

宝月瓶：壶腹为扁圆形或椭圆形，颈两侧有耳，腹部饰花卉、人物、山水等图案，或琢诗句。

▲ 白玉雕螭龙瓶　清早期
高16.2厘米

▲ 白玉饕餮纹双耳扁瓶　清乾隆
高30.8厘米

▲ **白玉八吉祥如意耳扁瓶　清乾隆**

高13.5厘米

　　此扁瓶白玉为材，玉质温润莹泽，手感舒适。瓶圆口，短颈，溜肩，圆扁腹，圈足。颈、腹以如意耳相连。瓶口及圈足处以回纹装饰，腹部圆形开光雕刻八吉祥图案，寓意美好。八吉祥为法螺、法轮、宝伞、白盖、莲花、宝瓶、金鱼、盘长（肠）八种吉祥物，又称"佛教八宝"，是象征佛教威力的八种物象。

▲ 白玉锦地开光花鸟铺耳盖瓶　清嘉庆

高16.7厘米

　　小瓶方体，上有素纹宝珠状抓钮，盖口出沿，瓶口部作阶梯状，饰回纹一周，颈部以下为莲瓣纹，盖面及瓶身满雕菱花纹，绵密有序，左右肩部饰以铺耳，下有衔环。瓶身正反两面均开光刻花卉纹饰，一面为荷塘春燕，另面为折枝花鸟纹，制作精良细致，底刻"嘉庆年制"四字篆书款。

玉杵臼

杵为舂米用的棒槌,臼为中间凹下的舂米器具,两者须合用。唐裴铏《传奇》言一秀才欲聘一老妪之孙妇,妪索玉杵臼为聘礼,且须秀才捣药百日方许之,故后世也以玉杵臼比喻难得之物。陆游诗有"难逢正似玉杵臼"。

玉觚

清代称觚为"花觚",用于插花或其他物件。清代玉觚同明代玉觚有明显的区别。明代玉觚较粗笨,兽面纹及蕉叶纹也较简单,出戟,戟较粗大。清代玉觚种类较多,有的仿古,玉觚分为上、中、下三部分,上部、下部似喇叭,中部似鼓,横截面有方形、长方形、斜方形、圆形、椭圆形、海棠形等。装饰纹样有仿古图案、吉祥图案或条纹。清代玉觚的兽面纹比明代要复杂,形状也有区别,兽面两侧有较多的装饰图案,凸起的线条细而浅。

▲ 青玉饕餮纹出戟方觚　明晚期
高20厘米

▲ 白玉出戟花觚　清乾隆
高24厘米

▲ **黄玉雕菱式花觚　清早期**

高15厘米

　　此菱式花觚以黄玉为材，质地纯净，色如蒸栗。造型仿自商周青铜觚而稍加变化，通身菱方形，器形瘦长挺括。光素无纹，仅于腹部上下起二层台阶，颈部、腹面及胫部略有弧线起伏，寓圆于方，转角线条皆笔直劲挺，张弛有度，体现了雕工卓越的造型能力。工艺娴熟利落，掏膛规整，抛光细腻，质料珍贵，气质古朴典雅，体现了清早期高超的治玉水平。

第二章 玉器鉴赏的四大要素

▲ 白玉雕九龙方觚　清乾隆

高19厘米

　　此器为白玉质，玉色白润晶莹，亮洁无瑕。觚口侈口呈方形，颈部向下收敛，腹部呈方鼓型，其下外侈。觚身光素无纹，外壁镂雕数只螭龙蟠伏其上，环绕壁身，造型各异，威严而不失灵动，光洁的觚壁将众螭龙衬托得愈加精致立体。为乾隆时期仿古玉器之精品，造型精美，典雅大方，玉质精良，纯净明润，工艺巧妙。

玉壶

壶是日常生活用具之一。玉质的壶比较常见，其形制也富于变化：一部分仿古代青铜器鼎、簋、壶、钫、豆、鉴、爵、角等，兽耳，腹部饰兽面纹；一部分仿瓷器形的玉壶春、葫芦瓶、棒槌瓶、双筒瓶等。其中明代玉执壶享有美名，有莲花壶、菱瓣式壶等多种样式。

玉壶有高洁之寓意。鲍照《白头吟》之"清如玉壶冰"，王昌龄《芙蓉楼送辛渐》之"一片冰心在玉壶"，都以玉壶比喻高洁。

▲ 白玉龙纹方壶　明万历

高14厘米

此白玉壶用一整块玉料雕成，方口，短直颈，方体，下为矮圈足，短直流，四方薄盖覆于口上。双龙盘于盖上，桃形钮，方直把手。壶腹两面对称浮雕海棠形，上刻龙纹。所雕飞龙，身躯蜿蜒，曲颈昂首，颈部细小，四肢遒劲有力。龙纹周身环饰缠枝花草，整体纹饰繁而不乱，层次分明，展现了高超的工艺。壶盖与壶身浑然一体，整体各部比例恰到好处，质朴而高雅。

第二章 玉器鉴赏的四大要素

▲ 玉雕八仙寿星执壶　明代
高21厘米

▲ 青白玉春光万寿执壶　明晚期
高23厘米

第二章　玉器鉴赏的四大要素

▲ 青白玉莲纹执壶　明晚期
高18厘米

▲ 白玉雕龙首云纹茶壶　清中期
高19.5厘米

▲ 白玉龙纹凤钮盖壶　清代
高20.9厘米

玉香炉

玉香炉是插放燃香的用具，形式多样，常见的有荸荠扁炉、高庄炉、亭子炉、冲耳高足炉、鼎式炉、簋式炉等。有的有盖，有的无盖，有的则雕有各种纹饰。

玉质鼻烟壶

鼻烟壶是装鼻烟的器具，清代盛行吸鼻烟，因而鼻烟壶也非常讲究，便用上品的鼻烟壶成为一时的风尚。各种玉都可制作鼻烟壶，如水晶、玛瑙等，但最珍贵的还数硬玉中的翡翠和软玉中的羊脂白玉。其形制为小而扁，具体造型和纹饰则千变万化。

玉钵

钵是僧人的餐具。一些古代的玉钵上缀有云龙、云蝠、云螭、写经、七佛等图案或者文字，形态不一，各有其妙。

玉笔架

笔架又叫"笔屏"，上有插孔，用于将笔向上倒插于其内。

▲ 白玉雕卧马纹笔架　明代
长6.5厘米

▲ 白玉五子登科笔架　清代
长15.7厘米

▲ 白玉雕一统江山龙纹笔架山　清乾隆
长19厘米

玉笔搁

笔搁或称"笔格",是架笔用具,即在书写、绘画过程中暂时放置毛笔的用具。器型有山字形、山峰状、桥状等。

玉笔筒

玉笔筒一种放置毛笔的用具,在文房中使用最为广泛。形状基本为圆筒状,一般均加浮雕。

▲ 白玉岁寒三友诗文方笔筒　清代
高12.2厘米

▲ **白玉梅花诗文笔筒　清中期**

高8.2厘米

　　此件笔筒以上等和田白玉精心雕琢，质地洁白温润，通体纯美无瑕。圆口直壁，掏膛整挖，中空以纳笔。外壁浅刻梅花及诗文，素洁淡雅，雅意超群，是不可多得的玉雕文房精品。

▲ 白玉雕岁寒三友笔筒　清代
高10.6厘米

▲ 白玉浮雕四君子方笔筒　清乾隆
长5.1厘米，宽5.1厘米，高9.6厘米

玉水注

水注也称"水中丞""水滴""水盂"，是蓄水研墨用的器具，器型五花八门。玉质水注有白玉婴戏水盂、青玉三元水盂等。

▶ 灰白玉端兽水滴　元代

▲ **白玉欢天喜地吉庆水盂　清代**
直径8厘米

▲ **白玉雕吉庆有余纹水盂　清乾隆**
直径9.8厘米

　　此水盂用整块和田白玉制成，莹润细腻，质若凝脂。器呈桃形，口沿内敛，下承三足，足作蝙蝠状，与两侧双耳之蝙蝠合围于桃形洗之侧，以为五福捧寿之意。口沿浮雕一磬，与喜字绶带相系，垂于外壁，贯穿前后。

玉笔洗

笔洗是洗涤毛笔用的文房用具,比水注稍大,因要盛放更多的水才能洗笔。玉笔洗有各色雕工造型,如白玉四螭笔洗、黄玉荷叶笔洗等。

▲ 白玉荷叶草虫洗　清代
长16厘米

▲ 白玉海水云龙纹洗　清代
长29厘米

此件笔洗选料巨大,器身满工雕刻云龙纹饰,质地厚润,不惜工本,几尾螭龙攀附在玉洗内外侧壁,犹如在云中穿行,雕琢精致细腻,是不可多得的清代玉雕精品。

▲ 碧玉竹节铺耳衔环长方洗（二件） 清代

玉镇尺

镇纸是压纸用的文房器具，一般多作尺形，故又称"镇尺""压尺"玉镇纸有各种造型，如马、鹿、兔等动物造型，但底部均为平板形，否则不能起到压纸的作用。一般刻有竹、兰及双螭等纹饰。

▲ 黄玉雕瑞兽纹镇纸　元代/明代
长8.5厘米

▲ 白玉雕猪纹镇纸　元代/明代
长7.8厘米

▲ 白玉雕虎纹镇纸　明代
长5.6厘米

▲ 白玉雕狮纹镇纸　明代
长8.5厘米

▲ 白玉雕麒麟负书纹镇纸　清早期
长9.5厘米

▲ 白玉雕卧马纹镇纸　清中期
长6厘米

（六）观赏、陈设用玉

观赏、陈设用玉是指供观赏及室内装饰之用的玉雕摆设，如玉山子、玉花插、玉插屏、玉挂屏、玉花薰、玉盆景、玉蔬果、玉如意、玉人、玉牌饰、玉车马、玉编钟等。

古时皇室、贵族、富豪及文人名流为显示自己的高雅情操，遂把玉制成品种繁多的样式，品味欣赏，怡情把玩。

明清两代是观赏、陈设用玉产生的高峰期。从明代开始，产生了大量的圆雕作品供人们观赏、陈设之用，器件也趋于大型化，到清代时则发展为鼎盛。观赏、陈设用玉有五大特点：

一、玉料要求极高，玉料块度较大，玉质均匀，颜色统一。

二、所涉及的题材广泛，有历史故事、民间传说、山水仙境、吉祥图案等，追求一种绘画意境和笔墨情趣。

三、工艺技法多样，如透雕、圆雕、浮雕、阳线刻、阴线刻、抛光等无所不用。

四、玉器形体较大，造型美观，如玉山子、玉花插、玉如意等。

五、收藏投资价值高。

玉山子

玉山子是置于案头或室内供欣赏陈设的玉摆件，以艺术形式表现自然景物、人文景观和历史场景，取材广泛。

玉山子因玉料体积重量不同，大小不一，大的山子可重达数吨，小的则仅寸许大小。

玉山子最早见于唐代，宋元时期较常见，题材通常为山水、人物、动物、树木等。到明清时期，玉山子盛行，题材越发广泛，包括山石、水草、树木、禽兽、人物、楼阁等，其中以反映山水、楼阁、人物的居多。

玉山子是明清玉器中的亮点，收藏价值较高。

▲ 青白玉松石人物山子　清早期
高18.5厘米

▲ 白玉留皮海屋添筹山子　清乾隆
高21.5厘米

▲ 白玉雕松山访友纹山子　清乾隆
高22厘米

▲ 青白玉一统万年山子　清乾隆
高21厘米

▲ 白玉人物山子摆件　清代
高18厘米

玉器盆景

玉器盆景有花卉、果木、山水、动物和人物等造型。最常见的是花卉盆景和果木盆景，统称为"花木盆景"，往往利用玉器加工中的边角料，以浆料塑本，以铁丝缠绒线，系叶、花瓣和果实。花木盆景造型活泼，花形艳丽，果实硕壮，树木质感强烈，以艳丽、精工、丰满者为佳。

北京故宫博物院藏有蜜蜡佛手盆景、碧桃花树盆景、红宝石梅寿长春盆景等玉器盆景珍品。

玉插屏、玉屏风

插屏是置于案头或室内用于陈设、观赏的工艺品，有时也称"座屏"。屏风除欣赏、陈设之用外，也作为隔离空间的一种家具。

玉插屏、玉屏风始见于汉代，盛行于明清时期。制作多选单一颜色玉料，上雕图案纹饰。在题材上较多的是山水人物，较有名的如翡翠四海腾欢屏风。

▲ 白玉山水双骏御题诗文插屏　清中期
长17.8厘米，宽11.4厘米

▲ 白玉山水人物诗文插屏　清中期
长15.3厘米，宽10.2厘米

▲ 白玉松下人物御题诗文插屏　清中期
长13.4厘米，宽9.5厘米

▲ 御制白玉十六应真罗汉插屏　清乾隆
长21.7厘米

玉如意

玉如意由古代搔痒用的爪杖演变而来，后因灵芝是瑞草，便用它取代爪杖的手掌部分，而成为"如意"。如意不再用来搔背，而成为"如人之意"的吉祥器物。用玉制成的如意尤其受人珍爱，往往还镶嵌各种珠宝，供陈设、把玩用。

▲ 青白玉长治久安纹如意　清乾隆
长49厘米

▲ 白玉嵌百宝花鸟如意　清乾隆
长43.5厘米

▲ 黄玉螭龙纹如意　清乾隆
长32厘米

▲ 白玉留皮八吉祥喜字如意　清乾隆
长40.5厘米

玉花熏

玉花熏是供放花、并使花香味散出的玉质熏炉，周身镂空雕花，香花放在里面，香味由四边镂空处透出。有各种造型，如有一座碧玉花熏为大盖碗的样式，也有两个荷包形的花熏，是挂着用的。

玉磬

磬是一种以玉或石制作的敲击乐器。新石器时代遗址中就有发现，以后历代遗址都有出土。它的最初形状是模仿劳动工具，然后演变成"折矩形"。

作为乐器，磬常与铜编钟共同使用，即"金石之声"。玉磬基本器型为扁体，上缘折而外凸，下缘或折或缓，向内凹入，顶部有一小孔，供悬挂之用。

商周时期的玉磬常单独使用，形体巨大。春秋战国玉磬制作精致规整，编磬件数增多，有10～30件，磬体轻薄小巧，多为素面，少有纹饰。汉代玉磬的使用渐趋衰落，制作工艺也较粗劣。自汉代至清代，磬作为皇家宫廷的乐器一直存在，但器型未见太大变化。

二
玉器的纹饰

玉器的纹饰是玉器上的花纹图案，是玉器艺术的表现形式之一。

不同的历史时期，玉器在构图、造型及所表现的主题等方面，差别很大，故纹饰可以作为玉器断代的一个重要标准。例如，在新石器时代，玉器多为素面的，偶尔出现简单的阴刻线纹；商周时代，纹饰有饕餮纹、龙纹、蟠螭纹，云雷纹饰较少出现；春秋战国时，玉器上的纹饰增多，出现蒲纹、蚕纹、谷纹、蒲纹等纹饰；宋元时期，玉器的纹饰以龙凤吉祥纹为多，仿古蟠螭纹、回纹、乳钉纹与凤凰、牡丹等图案并存。

某些纹饰还具有专属性，可用来推测玉器主人的身份，如龙凤图案往往为皇帝、皇后专用。

▲ 白玉麒麟凤凰纹盖瓶　清乾隆
高37厘米

▲ 青玉树桩形凤凰花插　清乾隆
高15.2厘米

纹饰是为古玉器命名的要素之一。可直接用纹饰命名，如谷纹璧、蒲纹璧；也可采取以下两种方式：

◆ 纹饰＋玉质＋器形，如谷纹青玉璧。
◆ 工艺＋纹饰＋玉质＋器形，如高浮雕蟠螭纹白玉璧。

（一）常用纹饰

以下几种纹饰是我国玉器上的主流纹饰，它们或在大部分朝代都可见，或是一时期的主流纹饰，故把它们归为一类。

谷纹

谷纹流行于战国秦汉时期，形态像发芽的种子，故名。特征是一个圆点带个小尾巴，故又名"逗号纹"。五谷杂粮是人类赖以生存的根本，谷纹表达了古人五谷丰登的愿望。

蒲纹

蒲纹流行于战国秦汉时期，是一种成排密集排列的六角形格子纹饰，由两组或三组平行线交叉而成。

古人常常坐在用蒲草编织的席子上。在玉器上琢刻蒲纹表达了人们对安居乐业的向往。

乳钉纹

乳钉纹常见于战国秦汉时期，最简单的纹饰之一，形状为凸起的乳突状圆钉，往往许多个整齐地排列，或是琢在蒲纹交叉线构成的交叉点上。

乳钉纹蕴含着古人子孙满堂、人丁兴旺的愿望。

▲ 玉螭龙谷纹璧　明代
直径26厘米

玉璧色青而古旧，可见大面积赭红沁斑，沁色自然，深入肌理。正中圆穿，孔型规整，磨痕清晰。双面工，纹饰以双阴线作分，内部满饰谷纹，走刀利落，刻划均一，密而不乱。外部浅刻一首双身之螭纹一周，绵延不绝，其上加以深凿阴刻线，成为双层纹饰，图案抽象古朴，取自上古青铜器纹而又有延伸发展。

▲ 玉乳钉纹璧　汉代
直径4.8厘米

▲ 白玉花卉折沿洗　清中期

直径14.1厘米

　　玉洗呈圆形，宽唇厚壁，口沿通素无纹饰。外壁一周雕乳钉纹，排列绵密，制作精良。中部内挖成膛，底部浮雕牡丹花及蝙蝠纹，用刀果敢，线条流畅，所刻纹饰凹凸有致，浮雕感强烈，寓意福从天降。福寿富贵。整件器物制作精良，雕琢精致细腻，十分珍贵。

云雷纹

　　云雷纹在商周玉器上较多见，是一种方形环绕的纹饰，由线条连续回旋构成。圆形转角的称"云纹"；方形转角的称"雷纹"。

　　云纹形式很多，如单岐云、双岐云、三岐云、灵芝云等。耕种五谷靠雨露滋润，无云便无雨，无雨则无谷。古人琢刻云纹有求雨之意，又有敬天之意。

第二章 玉器鉴赏的四大要素

▲ 青白玉仿古双龙兽面纹钺　清乾隆

长18.5厘米，宽8.3厘米

此钺青白玉质，体如凝脂，精光内蕴。其左右对称，分上下两部分。上方以镂空雕刻两对称的龙纹。龙身充满了弯曲简短的弧线，整体充满流动感。下方则为倒置的蕉叶纹，内部以弧线和云雷纹填充。整器给人以厚实大气的视觉效果，简朴之造型上饰以精细纹饰，纹饰繁琐却不失清朗，简繁得当，颇耐玩味。

弦纹

弦纹由单一或者干条平行的线条形成，多用于圆柱状或圆筒状柱体的表面。

螭纹（蟠螭纹）

螭纹是龙纹的前身，形状像四脚蛇或壁虎一类的爬行动物，梯形头，无角，四只脚，圆形长卷尾。盘曲成半圆形或近圆形的螭纹称为"蟠螭纹"。

螭纹流行于春秋战国时期。宋代时螭的头部结构发生变化，变为方嘴，细身，肥臀等。

▲ **仿古龙纹圭璧　清早期**

长22.5厘米

青白玉质，有黑色瑕，淡黄色沁。此圭璧形制，圭首长而圭邸略短；圭首端为尖状，中间起脊，圭邸平滑；玉璧迭置于圭之上，位于圭之中间偏下处实心，仅用孔缘和玉璧边缘各饰一道宽凸弦纹，肉部浅浮雕双龙戏珠，刻画逼真，极具动感。根据此器形制、风格，可断其为清早期作品。

◀ **白玉雕英雄合卺杯　清乾隆**

高12.8厘米

此器为白玉琢制，玉质莹润清冽，罕有瑕疵。杯身主体由双圆筒组成，口部及腹部分饰两道青铜器上十分流行的螭纹和蟠螭纹饰带。双筒下部夹抱有一只卧熊，熊低首垂目，四肢趴伏于杯体下沿；另有一鹰以双爪攫熊耳，立于熊首之上，其双翅平展，威风凛凛。

夔龙纹和龙纹

玉器上最早出现的龙纹是夔纹。夔是古代传说中的奇异动物，其形象多为阔口大首、无角、弯曲起伏的身躯、一足。商周时大量在青铜器和玉器上使用。战国到汉代，龙形纹已较为完备，具有双角、四爪。元代出现了飘拂状毛发。明代时龙的脚由"兽脚"转变成"禽脚"—如风车状三爪，成为飞龙。

龙纹是历代玉器的主要纹饰之一。

▲ 旧玉螭龙纹鸡心佩　元代
高6.6厘米

▲ 白玉仿古螭龙纹执壶　清代
高17.5厘米

▲ **青白玉雕夔龙纹盖瓶　清中期**

高26.5厘米

　　玉质白中微泛青，光亮沉郁，更添古韵，模仿青铜器纹饰的铸造效果，尤显技法高超。器分盖与瓶两部分，造型规整端庄，瓶体扁方，整器纹样均仿三代古制，对称齐整，瓶身腹部两面雕以夔龙纹，龙首相对，龙嘴微张，角伏于头后。瓶两侧浮雕爬行螭龙，双龙相向，龙尾相交，上方夔龙口衔瓶沿，相比瓶身夔龙之古朴规整，此二龙则显矫健灵动。盖作覆斗貌，平顶，其上亦雕双夔龙纹，与瓶体相呼应，盖钮多面抛光。瓶口与盖口外壁各饰一周变形雷纹。颈部微收，以下折肩长腹，底部急敛，下承高束腰外撇四方圈足。

▲ **白玉夔龙纹兽钮盖炉　清乾隆**

宽17厘米

　　此炉以大料碾制，玉质润白，包浆自然，烟沁色入里，远观见宝光盈盈，近触则温润有加。炉分器、盖两部分，盖呈覆碗形，上附狮钮作四肢着地、回首张望状。炉圆腹，圈足，腹部以仿青铜器之夔龙兽面纹饰之，肩腹两侧各饰一仰天龙头活环耳。

饕餮纹

饕餮是传说中的龙九子之一，是一个贪食的恶兽。

饕餮纹形象多为一个凶恶的兽面，仅有面孔而无下颌，较为抽象。

▲ 青灰玉仿古饕餮纹方觚　明代

高22.8厘米

▲ 灰玉饕餮纹仿古钟　明代

高18厘米

◀ 白玉饕餮纹象耳衔环花觚　清中期

高17.1厘米

此件白玉花觚以整块和田白玉雕琢，作八方形，广口长颈，腹部外鼓，圈足外撇。颈部左右饰象耳，卷鼻衔环，颈部及足部各面饰以蕉叶纹，腹部则以浅浮雕刻饕餮纹，雕琢精湛细腻，线条流畅自然。

鸟纹和凤纹

飞禽纹饰统称为鸟纹。鸟纹飞行多为阴刻细长线,鸟尾有孔雀式、卷草式尾,眼部表现为"臣"了形眼、三角眼、单凤眼等。

尾长如孔雀、头上有冠、弯喙的鸟形纹,即为凤纹。凤在中国经常是高贵女性的象征。

▲ **白玉桃形凤纹洗　清早期**
宽14厘米

▲ **白玉雕长寿鸟纹摆件　清乾隆**
长14厘米

以羊脂白玉为材,玉质细润,纯白无瑕。圆雕长寿鸟立于松枝花草丛中,身形圆润,圆眼尖喙,挺胸回首,正在整理羽翼,羽翼纤长,翅羽清晰,尾羽收拢,整齐流畅。此鸟体态轻盈,神情安详,羽翼刻画细致,线条流畅自如,整体寓有祝颂长寿之意,故称为长寿鸟。

▲ **白玉雕龙凤纹兽耳衔环瓶　清乾隆**
高22.6厘米

第二章　玉器鉴赏的四大要素

▲　**白玉高浮雕龙凤纹花觚**　清中期

高26厘米

　　以整块和田玉料雕琢而成，器型乃仿商代晚期青铜方觚形式。觚口侈口呈方形，颈部向下收敛，腹部呈方鼓型。此器外壁面碾琢仿古龙纹，自上而下共九条飞龙，穿行攀附于器身，一蟠龙腾升而起，昂首立于口沿，寓意独占鳌头。

兽面纹

兽面纹是龙、牛、羊等动物的脸状纹饰，多采用阴刻线或挤压法琢出，由直线及折线构成。

▲ 白玉兽面纹鼎　清中期
高19厘米

第二章　玉器鉴赏的四大要素

▲ **青白玉兽面纹炉　清乾隆**

宽17厘米

　　青白玉兽面纹炉分器、盖两部分。矩形盖钮，母子口咬合完好。炉盖及炉身外壁上下对称六出戟，凸雕隐起兽面纹饰。炉两侧镂雕双兽面衔环为耳，下承四足，分饰兽面纹，与炉身、炉盖形成呼应。

209

▲ 白玉兽面纹长方洗　清中期
长13.5厘米

▲ 青白玉兽面纹双耳炉　清乾隆
宽20厘米

吉祥纹饰

吉祥纹饰通过谐音或隐喻的方法寓意吉祥，如童子持莲、莲（鱼）、羊、三个圆果相连、五童、八仙、鹿衔灵芝、龙凤、蝙蝠、铜钱、蝙蝠鹿桃等纹。

喜祥纹饰古已有之，唐宋渐多，明清最盛。

▶ **白玉如意花卉喜字盘
清乾隆**

直径24厘米

此盘以上等白玉制成，凝脂光泽，型作扁圆如皓月当空，盈盈圆圆，自口沿向盘底缓收，盘以花卉为中心向四方延伸如意纹，盘沿雕蝙蝠形，内刻"喜"字，磨制精到，线型柔畅。

▶ **白玉福寿纹洗　清乾隆**

直径17.7厘米

此器取上等玉材整挖雕琢，玉质晶莹温润，凝脂光泽，敞口，折腹呈浅盘状，内底略下凹，外底三足，修足规整。洗外壁光素无纹，内底浮雕折枝，上有硕大蟠桃，枝叶繁茂肥厚，桃果饱满密实，蝙蝠上下翻飞，两两对望。仙桃代表长寿，"蝠"与"福"同音，寓意福寿双全。匠师巧妙地利用石纹构图设计，工法老到，若有成竹在胸，一气呵成。

▲ 白玉福寿双联洗　清乾隆

长20厘米

白玉双联洗，玉质细腻光润，器口以联珠纹装饰，中间收紧处饰以蝙蝠纹，其下衔环。此洗雕刻精湛，琢磨规整。扁圆形，矮圈足，足内阴刻"大清乾隆年制"六字篆书款。

▶ 白玉洒金龙凤纹万寿无疆佩　清代

高7.2厘米

（二）辅助性纹饰

这类纹饰最先出现在原始社会，后来发展成为玉器纹饰的辅助性部分。

"臣"字眼
似古文"臣"字，故名，饰于鸟兽的眼睛。

折线纹
折线纹多为阴刻直线，顶端折回，多为动物造型玉器身上的装饰。

重环纹
重环纹为以两条阴线琢出环纹，饰于龙及其他动物形玉器身上。

对角方格纹
对角方格纹以双阴线琢刻方格，相邻两格对角线相连，等距连续排列，多饰于龙及其他动物形玉器身上。

双连弦纹
双连弦纹是以单阴线琢刻的"人"字形连弧短线，饰于玉龙身、首、角上。

三角纹
三角纹是以阴线琢刻出三角，常见于玉龙身、玉璜及器物柄部。

兽角纹
兽角纹主要是龙角、羊角、牛角纹三种。

三 玉器的雕刻工艺

"玉不琢，不成器。"玉器只有经过琢玉艺人的巧妙构思和鬼斧神工般的雕琢，方能最大限度地体现出其审美价值和商业价值。

中国的玉器雕刻工艺与技法都是师徒口耳传承，而不形于文字。玉器雕琢过程：首先是选料，即根据玉器的质地、纹理、色泽等情况，因材施艺；玉料相定后，就使用各种工具来进行切锯，取其精华，去其糟粕；然后，根据玉料形态大小，量材定器，做出粗坯；接着，在粗坯上进行钻孔、刻纹等细加工；最后，通过抛光，给玉器上光。至此，一件精美的玉器即告完成。

古代玉器雕刻有阴刻、阳刻、浮雕、圆雕、镂雕、镶嵌、俏色等许多技法。不同的技法在不同时代的运用，成为玉器雕刻工艺鉴定的双一依据。

（一）圆雕

圆雕，也称"立体雕法"，使用这种技法雕刻出来的作品不带背景，具有真实三维空间关系，适合从多角度观赏。立体造型的人物、立兽等玉器均采用此法。

圆雕技法早在新石器时代的红山文化中便已使用，如红山文化的马蹄形箍、猪龙等，器表琢磨光洁，工艺规整，均采用圆雕技法。

▲ 白玉鱼化龙饰件　元代

高9.5厘米

饰件呈长方形，通体圆雕镂刻。主题纹饰为鱼化龙，四周祥云笼罩之下，中心雕刻一尾锦鲤浮现于飞翼之间，其上有一龙首昂扬向上，直冲云端霄。整块玉件布局妥帖，雕刻精致，为元代玉雕精品。

▲ 旧玉犀牛　元代

高4.7厘米

旧玉质，圆雕犀牛。其身光素无纹，四肢腾于脚下云间，头生双耳、向上竖起，"臣"字形眼，独角耸立，圆臀短尾。整器造型威严，雕工粗犷，符合元代审美意趣，古拙大雅，保存完整，十分珍贵。

▲ 白玉雕骆驼挂件　元代/明代

高5.7厘米

白玉质，细腻温润，圆雕骆驼形状。骆驼呈跪卧状，身体健硕，双峰饱满，四肢粗壮，驼蹄宽厚，四蹄蜷伏于腹下，长颈后仰，目视前方，圆耳后贴，友善温顺。骆驼身上无纹饰，只以细阴线表现身体局部，形态逼真，神情宁静。

▲ 白玉圆雕卧狮摆件　明代

高7.8厘米

▲ 黄玉太狮少狮　明代

高8.8厘米

取材黄玉，以简单写实的设计构思、粗犷刚劲的琢玉技巧，圆雕双狮嬉戏摆件。太狮神情威武，深浮雕双目直视前方；少狮抬头仰望太狮，双爪紧贴其身，毛发雕刻精细，流畅自然，布局疏朗，温顺乖巧的神态令人喜爱。

▲ 白玉留皮童子　明代

高4.2厘米

圆雕白玉二童子，玉料莹润。小童额头宽大，面相饱满，头顶小髻，身着长衣长裤，互搂脖颈，双腿交叠，弯眉咧嘴，神情欢愉，似正在摔跤，憨态可掬，栩栩如生，惹人垂爱。此童子像，不仅工精料细，更巧用深褐色留皮，随料以为衣衫，一黑一白，以为呼应，寄予了古人多子多福的美好愿望。

圆雕和浮雕两种技法其实不能截然分开，圆雕玉件中常见浮雕工艺，浮雕玉件中又有圆雕技法的存在。比如有的玉山子有圆雕的人物花鸟、也有浮雕的亭阁楼房，这就是圆雕和浮雕的结合体。另外还有镂雕、透雕等也常在圆雕中采用。

（二）浮雕

浮雕是在平面上雕刻出凹凸起伏形象的一种技法，是一种介于圆雕和绘画之间的艺术表现形式，如一些柱子上雕的一些花纹。

浮雕在古今玉器雕刻中使用广泛，强调"平面效果"，因此可能充分展示一些圆雕中无法表现的题材。例如，环境、风景是圆雕难以表现的，而浮雕却可以大显身手。

浮雕可以表现各种纹饰，如山水楼阁、花鸟鱼虫、飞禽走兽、仙子菩萨、飞龙喜凤等。

根据物像厚度被压缩的不同，浮雕又可分为许多种。

薄肉雕

薄肉雕一般是将形象轮廓之外的空白处去掉等深的一层，使形象略为凸起。形象因自身结构的原因而略高低起伏。细部形象刻画用线刻。因其最高点与地子之间的距离很小，所以人们才称之为"薄肉雕"，以表示其厚度很小。硬币上的图案纹样就是典型的薄肉雕。

浅浮雕

浅浮雕是利用减地方式，挖掉线纹或图像外廓的地子，主题突出，地子极浅，一般雕琢深度在2毫米以下。细部形象仍由线刻表现。良渚文化玉琮兽面眼、口、鼻即用浅浮雕。浅浮雕的使用在玉器雕琢中最广泛。

▲ 白玉浮雕松下高士牌　清代
高5.5厘米

▲ 白玉雕飞天佩　清代

长6.5厘米

以白玉雕琢而成，所用玉料质地纯净，局部略有黄色留皮。飞天以祥云相伴，头戴云纹高冠，身着长裙，体态轻盈，身姿曼妙，衣带婉转翻飞，双手结法印，表情虔诚。精湛传神的雕工将其仙风神韵一展无余，让人顿觉神圣不可亵渎。

▲ 白玉浮雕宝相花双喜盖盒　清乾隆

直径14厘米

第二章 玉器鉴赏的四大要素

◀ 白玉高浮雕桃花春燕纹椭圆形花瓶　清代
高17.8厘米

▲ 白玉留皮松鼠葡萄　清代
长5.3厘米

221

▲ 白玉仙人乘槎　清代

长15厘米

▲ 白玉连年有余荷叶洗　清中期

高22.5厘米

此件玉洗以整块白玉雕琢而成，质地润泽，整体仿生雕琢莲叶，侈口弧壁，巧雕叶茎与嫩叶盘绕于下为足。里心浮雕鲶鱼一尾，圆润肥美，颇为可人，莲叶经脉及虫洞清晰可辨，生动巧妙。此器精雕细琢，莲叶鲶鱼谐音"连年有余"，纹饰寓意吉祥。

▲ 白玉鹌鹑盒（一对） 清代

长8.5厘米

▲ 玉雕饕餮纹盖炉 清中期

高17.5厘米

盖炉直口，束颈，敛腹，圈足，满雕饕餮兽面纹，深浅浮雕施就，纹饰古朴谨严，层次清晰，古朴雅致。炉盖作覆碗式，上亦雕饕餮兽面纹。炉配狮钮，作伏卧状，双目圆瞪，直视前方，阔嘴宽鼻，尾伏于背上。肩腹两侧饰镂雕螭龙耳，两龙相背。

▲ 白玉人物戏兽　清中期
高7.5厘米

▲ 白玉陶渊明像　清乾隆
高15厘米

高浮雕

高浮雕也称"深浮雕"或"沉雕",指挖削底面,雕物浮出边框极高,形成立体图形,其镂刻处直且深,并加阴线纹塑形。始于战国时期,明清时最为流行。

中浮雕

中浮雕的"地底"比浅浮雕要深些,层次变化也多些,一般地子深度为2毫米~5毫米,也可根据膛壁的厚度来决定其深度。

凹雕

凹雕又叫作"陷地浮雕",与减地方式相反,是将要雕刻的纹样轮廓线以内的部分,雕刻成凹下的形状,纹样低于地子。

锦地浮雕

锦地浮雕就是在浮雕的地子上勾出花纹。采用这种雕琢方法可使玉器显得富丽华贵。但如果处理不好,会使整个玉器显得杂乱烦琐,主次不分。

(三) 镂雕

镂雕也称"透雕""镂空雕",是在浮雕的基础上镂空其背景部分的雕法。有的为单面雕,有的为双面雕。

镂雕一般是在不厚的玉片上进行,在穿孔技术的基础上发展而来。成器后,纹样的实体与相当于地子的虚空间形成对比,故具有通透玲珑的装饰美感。

镂雕的雕刻技术难度远远低于圆雕,古玉中多用。新石器时代的玉器多已采用镂雕,如红山文化勾云形佩、兽面形佩,都是用对磨的方法镂空玉体。到了商代,镂雕技术有所提高,常采用打孔的方法。

▲ **白玉留皮雕英雄纹摆件　元代/明代**

高11厘米

此摆件以上等白玉精雕而成，质地细腻，光泽油润。采用圆雕、镂雕技法，取材于鹰和熊，谐音"英雄"。两动物相抱纠缠，口口相对，细部刻画逼真，生动活泼，走势奇巧。玉匠深谙捭阖之道，高低冥迷，疏密分布，动静调度，刚柔并济，整件作品揖让有序，主题突出。

▲ 白玉镂雕荷叶洗　清中期
直径17厘米

▶ 白玉雕张骞乘槎子冈牌　清代
宽4厘米，高5.8厘米

　　此玉牌用白玉雕刻，牌首为面面相对的两鱼化龙。正面陷地阳文雕张骞乘槎图。张骞端坐于槎舟上，身着长袍，一手支地，一手轻抚膝盖，仰望向天，全神贯注。人物面带微笑，神态安祥，悠然自得。槎下波浪翻滚，与天空连为一体，空中楼台屋宇矗立，当为天上仙境。背面阳刻诗文两句，落款"子冈"。子冈，即陆子冈，为明代玉雕大家，后世多托其名款而作。

（四）微雕

微雕是一种精细微小的平刻，以在玉器表面上雕刻诗词、图案。微雕对材料没有什么限制，明代时称为"鬼工技"。

明清时，苏州专诸巷的玉雕艺人中有擅长此技者。清代康熙年间有著名的宫廷艺人尤通曾在一颗比桂圆还小的玉珠上刻有苏东坡的《前赤壁赋》，全文530字。20世纪初，上海微雕艺术家薛佛影能在水晶制品表面进行微雕。但当今玉器行业中很少有习此种技艺者。

（五）线纹雕刻技法

纹饰是玉器的一个重要组成部分。新石器时代的玉器中，雕刻纹饰者就约占总量的半数。研究玉器纹饰的线纹雕刻工艺，是鉴赏玉器技艺特征及艺术水平的重要内容。以下是一些常见的线纹雕刻工艺和术语：

阳线纹刻

阳线纹刻简称"阳刻"，是指利用浅浮雕的技法，在玉器表面磨出凸起的线纹，故又名为"减地起线"。

此技法十分耗费工时，不仅要把起阳线以外的地子磨减下去，还要将地子琢磨得平整光洁，然后再将凸起的阳线线条修整得圆滑整齐。不少玉器的阳线纹两侧，可见细细的阴线划痕，即是修整线条时留下的磨迹。

圆畅流美的阳线雕，需要极娴熟的技巧，特别是线纹的拐弯处，要圆柔而不露琢痕，其工艺的高难度可想而知。不过，在新石器时代晚期，阳线纹刻技法就已经成熟。

第二章　玉器鉴赏的四大要素

▲　白玉三羊开泰牌　清代

高5.3厘米

　　白玉材质，晶莹温润，洁白无瑕。双面减地阳刻，倭角形制，顶端镂雕灵芝纹饰。正面一卧羊，昂首仰视，三角眼，嘴衔一灵芝梗，身体壮硕，四肢收于腹下，短尾。背面中心刻"三阳开泰"四字阳文，呼应主题。

▲ 白玉雕山水人物诗文牌　清代

宽4.5厘米，高7厘米

青白玉牌前后博古夔纹开光。正面刻仙山楼阁，有人物往来其间。后开光内阳刻诗句："了人只在清湾里，尽日松声杂水声"，阴刻篆书"文玩"白文双联章。

阴线纹刻

阴线纹刻简称"阴刻"，指利用阴线刻的方法，在玉器表面刻出各式凹下的线纹。新石器时代红山文化玉器的阴线纹已较成熟，以玉猪龙头部的双圆眼、鼻梁褶纹为代表。

阴线纹线条有两种：一种是粗练形，线条粗放简练，刚劲有力；另一种是细密形，线条柔细繁密，秀润委婉，密而不乱。

汉代以前的阴线纹大多极浮浅。

铁线纹刻

铁线纹刻是指刻纹线细直有力，一气呵成，神似细铁丝之劲挺，因此得名。铁线纹中又分为阴纹铁线与阳纹铁线两种，后者极少见。铁线纹刻至少在商代早期就已出现，汉代以后此项技艺几乎灭绝。

▲ 白玉花卉蝉纹瓶　清代

高23.5厘米

　　该玉瓶器形适中，雕刻精细，玉质滋润，色泽柔和，器物表面琢磨光亮，洁白纯然。宝珠钮盖，阳刻宝相花纹，子母口与瓶身契合紧密。瓶身呈葫芦形，束腰，鼓腹，圈足。葫芦上半部分环琢宝相花纹，下半部分浅琢一只鸣蝉，触角颤颤，以连续回纹装饰，并用三圈吉祥云纹间隔开上下瓶身，构思巧妙，布局合理。颈肩部圆雕花卉装饰，置活环。整体纹饰颇有痕都斯坦之风。

▲ 白玉留皮鸭衔灵芝摆件　清乾隆

高13厘米

采用上乘白玉圆雕而成，玉质油润细腻，手感极佳，并巧用黄褐色皮俏色为鸭翅、山石、灵芝，设计精妙。皮色娇黄，与白玉质地相映生辉。鸭子作回首状，喙衔灵芝，鸭身肥硕丰满，阴刻鳞式翅根纹，翅尖则阴刻宽束丝纹，线形丰富，线姿流畅洒脱，造型生动可爱。

游丝纹刻

游丝纹是指纤细繁密、有力而流畅的线纹，即细如蛛之游丝。每条细如毫发的阴线是由若干极短的互不连接的细阴线组成的。游丝纹最早见于新石器时代良渚文化神人玉器上，战国汉代仍承之，后绝迹。

游丝毛雕

游丝毛雕是汉代特有刀法，粗细阴线并列使用，细刻线条细如丝，似断不断，弯曲有度，如游动状。游丝毛雕出现于春秋战国，汉代达到高峰，汉代后失传。

双勾阴线法

双勾阴线法是商代玉器上常见的雕刻技法，即用两条并列的阴刻线来表现纹样。不过商代玉器上的阴刻线比较直，比较粗。

双勾阳纹法

双勾阳纹法是指制作阳纹的一种方法。先用薄口勾砣在玉器的表面上沿纹样的外轮廓刻出两条并列的阴刻线，然后用轧砣将纹样的两侧浅磨成斜面的浅沟，再将中部两边的棱裹圆，使纹样看上去很像阳纹，这样刻出的线，叫"双勾阳纹"。双勾阳纹与阳纹略有不同：阳纹是纹线之外的部位全部减地，双勾阳纹只是局部减地。

此刀法在西周得以发展，战国汉代偶有出现，后消失，直至明末清初的雕玉名手陆子刚才又将其发扬光大。

单坡刀法

单坡刀法由双坡刀法发展而来，双钩线在周代演变为半彻。即平行的两条线纹，一条阴线平直琢刻，另一条斜磨，产生阳文凸起效果，俗称"一面坡"。这是西周典型的阴纹刀法。

隐刻

隐刻也称"隐起"，指以雕刀浅磨玉肉表面略减地产生线纹。看似隐约凸起，触之边棱不明显。新石器时代红山文化玉器即已采用此法。

▲ 姚元之书诗文碧玉笔筒　清嘉庆
高12.7厘米

　　此碧玉笔筒色泽浓正，质地细腻。阴刻隶书《陋室铭》文，挥刀技法娴熟老辣，属款"辛卯仲秋姚元之书"，钤"元之"印。

▲ **白玉长宜子孙诗文佩　　清中期**

高9厘米

　　玉佩质地温润，工料皆精。佩头镂雕卷草纹饰，佩身四出海棠纹，腰部内凹处各雕出一个小环，与上部作镂空处理的佩头呼应，使造型更加协调。一面减地四周起阳文边线，中间阳文篆书"长宜子孙"四字。另一面平地，其上阴刻隶书"御制玉长宜子孙佩诗""玉宝琢为佩，祥徵则百斯。含辉喜温润，比德肃威仪。置匣欣成器，章身勉中规。梦兰同叶永，蕃育庆长宜"。字迹工整有力，简洁明快。"长宜子孙"字样出现在玉器上可追溯至两汉，寓意子孙万代都能过上美好安逸的生活。

斜刻

　　斜刻其实是阳刻的简化。用勾砣将轮廓线用双线勾出，然后用轧砣斜向研磨，形成较高的斜面槽沟，让轮廓线凸显出来，这样就不用大面积减地了，是一种省工的浮雕技法。

跳刀线法

　　跳刀线法是汉代独有的雕刻技艺。汉代阴线纹细如游丝，有的还伴有极细微的圆圈，虽若断若续，但线条依然流畅，这就是所谓的"跳刀线"。

▲ **白玉马背负书牌　清代**

高8厘米

　　牌白玉质，主体圆形，上镂雕双螭龙纹牌头。牌两面饰，一面雕白马负图，下饰水纹，上饰云头纹。马鬃马尾飞扬，四蹄腾空，作奔腾状，精神抖擞。一面中间阴刻"乾坤"二卦，下对应"父母"二字，皆描金。玉质纯净润泽，精光内蕴，雕刻细腻，字画相辅相成，颇具古意。

两明造

两明造指在一块扁平玉片的正反两面雕刻出各种各样的纹样，纹饰镂空。一般多为两层，中部透空，凭借四周边缘相连而成一整体。此种工艺构思奇特，做工精细，最早出现于清代中期。

（六）镶嵌

镶嵌指在玉器某部位嵌入与本器物相同或不同材质的饰件的工艺方法。嵌入与器物颜色相近似的材质，表现色彩和谐之美。嵌入与器物颜色不同的材质，表现色彩对比之美。嵌入的饰件需用牢固的黏合剂结合。

镶嵌工艺早在新石器时代就已得到使用，如山东临朐朱封村所出龙山文化玉笄饰，其上部兽面纹的双眼用绿松石珠镶成。历代均有使用。

金玉镶嵌是镶嵌工艺中的一种特殊技法，在现代珠宝首饰制作中普遍使用，如嵌宝戒指、嵌宝项链挂件、嵌宝耳饰等。金、玉均为名贵材料，它们在色彩上的搭配也十分和谐，故金玉镶嵌的器皿、饰件自古至今备受青睐。

金玉镶嵌还是修复玉器的一种方法。例如，有些损伤的玉器、翡翠饰品，经过镶嵌，伤痕、裂痕被华美的雕金外表和金玉统一和谐的组合完全掩盖，甚至可以达到完好如初、不露一丝缺陷的程度。

（七）抛光

抛光是玉器雕刻中非常重要而不可替代的工作。玉器表面的打磨程度直接影响抛光效果。如细雕后玉器表面打磨非常精细和平滑，表面没有明显的坑点，抛光就易如反掌。如玉件打磨粗糙，抛光将十分困难。精细打磨，可以让抛光事半功倍。玉件无论如何精雕细磨，表面始终都是粗糙的，只有经过完美的抛光，才能使玉器表现出温润光洁的外表，才能使玉器具有高贵的气质。

新石器时代，抛光技术已经使用，人们就利用极细腻的磨玉砂或其他材料，细心研磨，使玉器表面呈现较强光泽。

▲ 白玉雕松鹤笔筒　清中期
高13.5厘米，直径9.2厘米

▲ 白玉雕龙钮扁瓶　清中期
高27厘米

▲ **白玉童子佩　清中期**
高6.5厘米

▲ **白玉小佛像　清中期**
高9厘米

▲ **白玉仙人乘槎诗文牌　清代**
高5.2厘米

玉牌取经典子冈牌样式，牌额以阴线雕双螭纹，中穿一孔可供系配。正面浅雕仙人乘槎图，仙人乘槎于滔滔波浪中，神态安祥、悠闲、从容不迫，正驶往远方的仙境。另一面雕"今遇绛女来取石，九曲黄河乘源槎"字样，落"子冈"寄托款，诗图相配。打磨光润，雕刻细腻，玉料白皙莹润，所选题材经典，为玉牌中的佳作。

（八）俏色

俏色是指巧用同一块玉料上不同的天然颜色制成玉器，使玉料上的颜色与所做成的物品符合常理，又形成色彩对比，让人们感到"巧夺天工""宛若天成"的美感。

河南安阳小屯出土的商代两件俏色玉鳖，说明商代俏色技法运用已见功力。至清代，这一技法得到充分的发挥和利用，有许多佳作传世。

在玉器俏色设计上，一般有三种不同的境界表现：

一绝

一绝是玉器俏色设计中的最高境界，在艺术上表现为：绝无仅有，绝处逢生，犹如万绿丛中一点红，令观赏者拍案叫绝。

二巧

二巧指对一件作品主色外的一或两种异色的匠心独运的设计，能达到返瑕为瑜的效果。

三不花

三不花指对玉器多色的设计合情合理，十分贴切，使人看了没有眼花缭乱的感觉。

◀ 白玉年年有余　清中期

长8厘米

籽玉制年年有余挂坠，玉质细腻润泽，以俏色留皮等巧妙处理，琢刻两只鲶鱼盘转成佩，此挂坠寓意年年有余。

▲ 御制白玉俏色神羊小盖盒（一对） 清乾隆

长6厘米

▶ 白玉留皮喜上眉梢坠 清中期

长3.5厘米

玉质通透莹润，呈油脂光泽，大面积留皮俏色。以圆雕加透雕之法巧作喜鹊登梅之景，梅花雕刻精细，喜鹊立于枝头，回首顾盼，灵动非凡。喜鹊登梅是中国传统吉祥纹样，因"梅"与"眉"谐音，喜鹊名中有一"喜"字，故以喜鹊落在梅花树枝上比喻喜上眉梢，用以形容喜事将到。

▲ 和田俏色籽玉福禄把件

长5.9厘米，宽4.7厘米，高4.0厘米，重135.1克

▲ 和田俏色羊脂封侯拜相把件

长8.1厘米，宽4.8厘米，高3.0厘米，重199.3克

▲ 白玉芭蕉仕女　清代

长8.2厘米

▲ 和田俏色籽玉一鹭莲科把件　　　▲ 白玉灵猴献寿桃形洗　清代
长6.2厘米，宽5.0厘米，高2.5厘米，　　长9.5厘米
重109.9克

▲ 白玉芭蕉仕女　清代
长5.7厘米

四
玉器的题款

题款又称"款识",指在书画、玉器等物上书刻姓名、称呼、年月等。古玉与青铜器不同,带有铭款者极少,故其不被纳入金石学之列。

迄今所知最早的玉器铭文是红山文化和良渚文化玉器上的原始符号。红山文化仅见一件兽首玦在兽头上有刻划符号。安阳玉器上出现了琢刻的或书写的铭文。战国出现了以玉版书写的盟书及篆刻篇幅不等文

▲ 白玉梅花诗文方壶　明代
宽16.5厘米

字的玉器，可称为铭刻玉器；战国出现的玉印、秦制传国玺、汉代宝玺及刚卯也均为铭刻玉器。此后，历代均以玉制册，以祀神灵或用于典章，五代已见阴篆楷体玉册。

清代铭款玉器盛行，出现雍正、乾隆、嘉庆、道光、咸丰、同治、光绪年款或仿古款玉器，款文以满、汉文为主。特别是乾隆时代，铭款玉器特别盛行，除了年款、仿古款之外，还有不少碾刻御制诗、御题文字者。刻铭款最多的为大禹治水图玉山子，达1579字。

玉器题款既可助断代，又可作为鉴别器物真伪的首要参考。题款涉及作者的艺术素养，一般作伪者很难效仿，眼力一流的人不难判别其真伪。目前已知有伪印、伪刚卯及伪子刚款、伪宣和、伪乾隆年制款、伪乾隆御制诗等伪铭款玉器。

▲ 白玉仕女诗文佩　清代

高5.5厘米

玉佩长方形，佩首雕琢夔龙纹，佩身正面减地刻仕女赏梅，小轩窗中，垂帘上卷，仕女凭栏而望，窗外似有满园春色，令人心旷神怡，屋内陈设盆景一枝，清馨优雅。佩背面刻阳文诗句："来日绮窗前，寒梅着花未。"落"文玩"款，诗文清雅，整体雕琢精致，是为把玩佳品。

▲ 白玉雕螭龙纹鼎式炉　清乾隆

高25.8厘米

　　玉质洁白润泽，规矩整洁。雕方鼎式炉，下承四方足，炉腹也呈长方形，配双桥耳。腹部浮雕螭龙纹，构图规整，雕琢细腻流畅。上配太狮少狮耳，雕琢生动活泼。底落"乾隆年制"四字篆书款。炉身刻"癸卯仲春"。这种既有朝代款又有年款的玉器，极为罕见。

历代玉器收藏与鉴赏

赵梅红 ◎ 著

下册

学苑出版社

第三章 玉器的鉴别技巧

一 古玉仿造的历史

但凡古玩，都逃不了作伪、仿造，古玉亦是如此。中国古玉的伪造在明清、乃至当代更是屡见不鲜，而且技法越来越成熟，给古玉鉴别、断代带来巨大的难度，也为古玉投资带来风险。

（一）仿造史悠久

有史可查的中国第一个制作玉器赝品的人是西汉的赵人新垣平，伪造的第一个赝品就是玉器中的玉环，作伪目的是"冀欺人主而取富贵"。

南宋时，古玉作伪已形成颇具规模的行业。明清至今天，古玉作伪之风盛行不衰，伪造的古玉器大量出现，上当受骗者屡见不鲜。

清吴大澂著有《古玉图考》一书，书中除去圭璋数器无可置疑外，伪器竟占全书总量的半数之多。这一方面反映出古玉作伪是多么地泛滥；另一方面反映出即使是古人，对古玉鉴定的研究认识也还很肤浅。

（二）作伪方式多样

玉器造假较容易，造假手段不一。如用普通石头冒充玉。江苏句容的石头色白，透明有光泽，和真玉很相似，造假者便用它来做手镯、炉、壶等，冒充玉器以欺骗爱玉之士。再如，一些奸商得到老的玉器残片，然后做旧成璜、玦、瑗、环等物贩卖。

古玉投资最大的难点在于鉴定真伪，仿制和伪造古玉的方法多、技术高，以致很多鉴定专家都很难鉴定。

（三）常见的做旧手段

玉器的做早手段很多，常见的有下面几种：

将合成胶水涂抹在玉器上，深埋黄土中，埋藏时间越久，生成的黄土锈越逼真。

用猪血、狗血、猫血与黄土搅拌，与玉器同置容器中，深埋地下，时间越久，土咬、土锈、血沁越接近古玉。

将玉器深裹在棉花中间，浸水后上火烤，棉花水分快干时再浇以热水，这时黑色会沁入玉中。故大凡玉器具有深浅不同的黑斑，鉴定时须注意。

将玉器置于电炉上烘烤，边烤边涂蜡油。

二
玉器的传统鉴别方法

传统的玉器鉴定方法，概括起来无非是手摸，耳听，眼看。借助一些简便易带的工具，比如放大镜、聚光手电筒、玻璃片等，根据长期积累的经验和知识，多摸多看，仔细观察分析，从而得出正确的结论。

(一) 触摸法

真玉器用手摸或贴近皮肤,冰凉润滑;放在手中掂一掂,有沉重之感。特别是羊脂白玉,触之如婴儿的皮肤,温润细滑,且有油脂般的感觉。

▲ **青玉龙首　唐代**

长18厘米,宽7.5厘米,高10.2厘米

青玉龙首,巨目宽眉,高鼻长嘴,头顶生双长角,耳后抿,嘴后三撮长须,以长方形体势雕刻,顶部有一小孔,低部有凹槽,是镶嵌在器物上起固定作用的。外轮廓方整,细部以粗线勾勒,流畅准确,劲健有力,那张嘴欲吼的神态,给人一种威严的感觉。

第三章 玉器的鉴别技巧

▲ 白玉透雕行龙佩　唐代

长12厘米，厚1厘米

▲ 旧玉熊　唐代
长4.7厘米

▲ 玉大吉坠　宋代
长5厘米

▲ 　白玉云雁纹饰　宋代

长3.5厘米，宽3.5厘米

白玉，有土浸斑。椭圆形牌，浅浮雕鸿雁，长喙圆目，长颈展翅，在云间飞翔，斜刀刻云朵。牌饰虽小，雕工精巧，鸿雁周围斜刀碾琢，突出鸿雁，雁的羽毛质感很强。

▲ 　凤纹龙把玉碗　宋代

高7.3厘米，口径14厘米，足径7厘米

青色，有褐色浸蚀。体圆，呈六瓣花形。敛口，鼓腹，圈足，镂雕龙形把。口沿饰连续的三角形几何纹，腹部于花瓣处开光，开光内外在回纹锦地上隐起变形的夔凤纹，近足处和足沿通饰莲瓣纹。龙首稍高于碗口，独角，三爪，口部及前足爪伏于口沿，后足爪伏于腹壁。造型规整，纹饰华而不俗，是古代玉制器皿中的佳品。

253

▲ **青玉兽面纹卣　南宋**

通高6.4厘米，口径3.2厘米

玉料呈青灰色，局部有黄褐色浸斑。体扁圆，直颈，宽腹，圈足，缺盖。颈两侧饰对称的方形龙耳，并有一圆穿。耳下各雕一昂首蜷曲的螭龙。颈正背两面琢回纹凸脊，脊两边饰阴线龙纹，腹下部为剔地兽面纹。宋代仿古彝器盛极，此器制作规整，纹饰精美，为南宋时期仿古玉器中的代表作。

第三章　玉器的鉴别技巧

▲ 白玉马上封侯摆件　宋代
长23.5厘米

▲ 白玉童子戏缸水丞　宋代
高14厘米

▲ 白玉双龙耳凤纹盖瓶　宋代

高19.5厘米

▲ 白玉饕餮纹觚　宋代
高21.5厘米

▲ 玉圭 元代

▲ 木嵌玉龙穿花饰件 元代
长8.3厘米

第三章 玉器的鉴别技巧

▲ 白玉麒麟　元代
长6厘米

▲ 白玉天马渡海　明代
长15.5厘米

▲ **子辰佩　明末清初**

高5.1厘米，宽4厘米，厚0.6厘米

和田青白玉、玉质滋润。拉丝工，蛇形龙，上部雕回首龙，龙下方雕一鼠，此种器型相对较少。

玉质不同，冰凉、润滑程度自然也不一样。即使是同一种玉，感觉也不一样。这就要求鉴定者经常把玩不同类型的玉器，找感觉。

质地较差的玉以及普通石头、塑料、玻璃一类的仿制品，触摸时没有玉的温润感，或粗涩干燥，或入手轻飘，或无冰凉的感觉。

（二）耳听法

真玉用细绳悬吊起来，轻轻敲打，声音悦耳，舒扬致远。假玉的声音往往是沉闷的。

（三）观察法

真玉看上去有宝光，不粗涩、不呆滞，半透明或微透明；假玉给人的第一感觉是没有灵气，色泽干枯，灰暗呆板，有的内中还有气泡。

真玉结构较细密，断口参差不齐，可见棉絮状或其他杂质；玻璃材质一类的假玉断口整齐发亮，结构粗糙。

真玉质地较坚硬，刀划不会有痕迹；假玉刀划过有痕。

真玉经摩擦后，越显温润；假玉一经摩擦可显现条纹。假玉越戴越粗涩，而真玉越戴越莹润。

用放大镜观察，真玉表面一般可见无数细密的小孔，像人皮肤上的汗毛孔；假玉无法伪造出汗毛孔。

▲ 白玉留皮圆雕卧马摆件　清代
长4.5厘米

▲ 白玉兽足炉　清中期
直径17.7厘米

▲ 白玉雕龙耳衔活环三羊开泰三足炉　清代
高29厘米，宽20厘米

▲ 白玉雕凤衔牡丹摆件　清代
高13.7厘米

第三章 玉器的鉴别技巧

▲ 白玉佛手摆件 清代
高15.2厘米

▲ 青白玉持如意高士童子　清代
高8.2厘米

▲ 白玉兽面双耳衔环炉　清中期
直径16.8厘米

▲ 白玉观音菩萨立像　清代
高18.4厘米

▲ 黑白玉牛生麒麟　清中期
长4厘米

（四）玉材推断法

　　古人强调鉴定古玉时要"远看形，近看玉"，即鉴定古玉器时，应注意各历史时期的用玉特点。通过对玉器使用玉料特征的了解，来鉴别古玉器真伪。

　　例如，我国自商代开始，所用玉料多为和田玉，但各个朝代所用和田玉还是有差别的：商代所用和田玉玉材多为青玉；东周玉佩多为和田玉，其中又以青玉为多，玉色青中泛黄；春秋战国时期所用和田玉的多为青玉和黄玉等。

▲ 青玉佛像带佛龛　清代
高11厘米

第三章 玉器的鉴别技巧

▲ 黄玉鼎　清代
高16厘米

▲ 玉雕罗汉诗文山子　清中期
长20.8厘米

第三章　玉器的鉴别技巧

▶ **白玉平安佩　清中期**
高5.8厘米

▶ **白玉牌　清中期**
高5.2厘米

▲ 白玉踏雪寻梅插屏　清中期
高19.5厘米

▲ 青白玉雕松鹤寿星山子　清中期
高15.5厘米

▲ 白玉凤纹活环盉　清中期
高12厘米

（五）器型推断法

各朝代玉器的器型也不同，或形状、艺术风格有差异，或出现新器型。所鉴定的古玉器型如果与卖方所说的朝代不同，就要注意了，例如：战国时期首创玉剑饰（包括剑格、剑首、剑珌、玉璏）、玉带钩；汉代首创鸡心佩、玉舞人、玉蝉、翁仲、刚卯；唐代首创玉带板、人物飞天佩、各种类型花形佩，以及肿骨鹿、卧马、卧骆驼等动物类器型。

（六）纹饰推断法

时代不同，人的审美观也在进步，工艺技术也在进步，故各朝代的纹饰均富有时代气息。通过玉器的纹饰特征，可以推断古玉器的真伪。

玉器常见纹饰有谷纹、龙纹、云纹、螭纹、鸟纹等，它们不是一成不变的。例如，西汉中期龙纹的龙身似兽身，唐代龙纹的龙身似蛇身，龙纹其他方面也多有变化。再如，战国及汉代的云纹为钩云纹、云矩纹、三叉云等样式，而宋代云纹则多为双歧云、三歧云、灵芝云等样式，其中差别还是很大的。借助这些纹饰的细节变化，人们可以推测古玉的年代真伪。

三 当代仿造古玉的主要地区

古玉伪造技术的传承，加之现代科学技术的进步，使伪古玉几乎可以达到以假乱真的地步，即使行家也难以鉴定真伪。中国有六大地区因仿造古玉而闻名。

（一）河南

河南南阳的仿古玉器，使用玉料极差或根本不是玉料，琢工极粗，明显留有现代钻石工具琢磨的痕迹，用绿油或白刚玉粉抛光，表面无包浆，显露出很亮的贼光，伪造的沁色多用油炸法，又黑又脏。

河南伪古玉是最低劣的仿品，多出现于街头小摊贩，价格乱开，还价至数十元即可成交，收藏者千万不可贪图便宜而买之。

（二）安徽

安徽蚌埠作伪古玉时间较长，多仿制高古玉器，战国至两汉的形制为其仿制的主要参考，所用的玉料以新疆和田带皮的青玉、辽宁的岫岩玉为主，琢工较细，打磨以手工为主，光泽较温和。

与真古玉相比，蚌埠的伪古玉工法较软，拉孔处为圆弧形，无线锯痕迹，整体神形较呆板；仿制古玉的表面常有一层白粉状外皮壳，为应用氟化氢腐蚀而成，有剧毒，购买者应当小心。

蚌埠所作假的伪古玉与古铜器放在一起出售，以真古玉的价格卖出。

（三）江苏

江苏省的扬州和苏州自古以来就是玉器制作中心，仿古玉器制造选材极精，多用新疆和田玉，仿制的明清玉件几可乱真，非极专业者实难分辨。

扬州所仿古玉破绽在于：仿品神韵不敌真古玉器；用6倍～10倍的放大镜看，仿古玉器表面常会留有同一方向的拉毛痕。

苏州一带有用虹光草染玉的，所染之色多呈红、黑色牛毛纹，缺点是浮于玉器表面，且走裂缝、绺路。

（四）浙江

浙江的湖州、杭州、上虞等地，因出土良渚文化玉器而闻名，故形成了以杭州为中心的良渚文化玉器仿制圈。

浙江仿制良渚玉器所选材料同真的良渚文化玉料极为相似，做工亦精益求精，故仿制品真伪难辨。仿品多出现于江浙、上海等城市的古董店，也有放在农村"钓鱼"后。

浙江仿制的色沁多用石灰水或氟化氢腐蚀，表面呈生坑白粉状，用手盘玩后由白转红，用开水泡后则又由红转为白色，不解之人以为是真古玉，实为化学反应而已。

（五）上海

上海的仿古玉器不多，但件件都是精品，多为古董店自家的小玉作工场制造，选材认真，琢磨精细，碾磨皆有，所出之工与古玉器的工极为相似；沁色做法先进，仿制沁色变化较多，如呈牛毛纹、冰裂纹、沙坑样。但仿品不是没有破绽，如包浆数日即消失，沁色较为呆板、深浅不一。

上海所制的仿古玉器大多自产自销，有时也供给福建古董商及中国台湾古董商，价格不低，常以真品价格售出，买者常以为得到宝贝，还深藏不露。

（六）陕西

陕西的西安古称长安，历史地位居古都之首，文化积淀深厚，文物藏量丰富，古董店铺多如牛毛，故历来是古玉造假的老巢。

西安仿古玉器片区造假手段高，技术精，多仿良渚文化玉琮、玉璧等古玉珍品，因此要价高，但成交价却可以低于要价很多。

四 区别新、旧玉器的技巧

市场上出售的玉器大致可分为三类：旧玉、新玉和仿制品。旧玉也叫老玉，数量稀少，价格昂贵，收藏价值高。新玉数量多，卖玉者有时会"以新充旧"，购买者稍不谨慎就要吃亏。如何区别新、旧玉器呢？

（一）了解新、旧玉器的特点

旧玉器流传多年，边角会产生小腐蚀点。经过长时间的把玩、佩戴，这些腐蚀点会变黄或变红，边角的腐蚀带有残迹，触摸上去没有锋利的尖角，手感舒适，残痕过渡显得十分自然。

新玉具有用工具做出的边角的残痕，有锋利的尖角，触摸时会有明显的扎手之感。

▲ 青白玉唐官骑骆驼　唐代
高14厘米，长8.2厘米

▲ 玉人鹿图佩　唐代

长7.6厘米，宽4.4厘米，厚1.1厘米

玉饰为椭圆形。中间刻一老者，右手抚于鹿背，左手指着鹿头，似有所言语，左边侍立一童子。玉饰底部刻有缠枝花，由边缘盘旋而上至顶部。人物神态安详，头发、面容、衣饰均用阴线刻成，线条流畅简练。饰件画面表现出安逸恬静的意境。

▲ **白玉镶金镯（一对） 唐代**

直径8.1厘米

　　此镯由三节长度相等的白玉组成，上刻凸弦纹，玉节间以金兽面包镶连接，内侧中两颗金钉作铆，兽面间有穿孔，加金条扣合，启动灵活。玉镯造型规整，工艺精细，金玉辉映，对比鲜明，光彩夺目。

▲ **旧玉雕瑞兽 宋代**

长8厘米

▲ 旧玉瑞兽　宋代
长7厘米

▲ 黄玉雕灵犬　宋代
长4.1厘米

▲ **玉雕水月观音像　宋代**

通高16.2厘米

　　青色。像身与座分为两截，中插竹签连接，后有银质背光。像呈倚坐式，身贯璎珞，右手拈披帛，左手按座。基座上部作"山"字形镂孔，下部作垒石状。背光边饰火焰纹与忍冬花纹，中为曲折光太阳纹。水月观音，系佛教菩萨名，因观音作观水中月影状，故名。

▲ 白玉喜上眉梢松鹤延年摆件　宋代
高16.5厘米

▲ 玉透雕鹭莲炉顶　元代
高5.3厘米

▲ 玉透雕荷花饰件　元代
高9.2厘米

▲ 青白玉雕乳钉双耳杯　明代

▲ 陆子刚青玉合卺杯　明代

高7.5厘米，横宽13厘米

器由两个圆筒形杯并连而成，底有六个兽首足。一面镂雕凤形杯柄，一面凸雕作盘绕爬行状双螭。杯体腰部上下各饰一圈绳索纹作捆扎状，结扎口上饰一方形图章，上刻隶书"万寿"两字。杯身两侧分别有剔地阳文隶书铭文、杯名及款式。一侧为四句诗，末署"祝允明"，诗上部有"合卺杯"三字。另一侧为四句诗，末有"子刚制"三字。此器出自明代后期名匠陆子刚之手，并刻有著名诗人和书法家祝允明的诗句，古朴典雅，相得益彰。

▲ **金托玉执壶　明代**

通高26.5厘米，口径5.3厘米，盖口径4.4厘米，盖高6.8厘米，足径7厘米

此壶出自万历皇帝棺内。子母口，细长颈，腹稍扁，椭圆形圈足，倒龙首形细长流，稍外倾，流上部与壶颈相连，耳形把。盖为覆盆形，顶部有圆形钮，钮套一"8"字形圆环与壶把以链相连。链索为16环，长18厘米。腹两侧浅雕出寿桃形，桃内下部雕有海棠花，枝叶繁茂，对称分布。

▲ **玉麒麟背书摆件　明代**
高13.28厘米

▲ **青玉猪　明代**
长10.5厘米，高2.7厘米
玉质光润，通体素面，为长条俯卧状，圆浑肥壮，平嘴，上唇略翘，阴刻圆眼、竖耳。

▲ 黄玉瑞兽　清中期
长6.7厘米

▲ 白玉洒金瑞兽　清中期
长6.3厘米

◀ 白玉瑞兽　清中期
长6.3厘米

▶ 青白玉螭龙纹水洗　清中期
直径16厘米

▲ 青白玉如意耳包袱瓶　清中期
高30.5厘米

▲ 青白玉螭龙纹如意　清中期
长40厘米

第三章 玉器的鉴别技巧

（二）了解工艺上的区别

旧玉的加工是人工琢出来的，弧线非常流畅，阴线宽窄若一，深浅一致，线边平整无崩裂，外观温润。

新玉线条过渡不均匀，深浅不一致，以致线条两侧过于锋利，或有崩裂的痕迹。

（三）了解玉质和玉色的区别

旧玉较细润，玉质极好。玉可分为白玉、青玉、黄玉、碧玉、墨玉几大类，其中以产于我国新疆和田的白玉为上品。

由于追逐高额的利润，而上等的白玉成本昂贵，所以新玉制作一般都改用价格低的青白玉、边角料或其他地方玉，有的甚至用化学合成品。

五
明清玉器的鉴别

明清是中国玉器制作的高峰期，此时玉器工艺制作水准达到巅峰。明代雕玉、刻玉技法粗犷浑厚。清代玉器加工上以精致取胜，造型极为规整，底子平，线条直，尖如锋锐，圆似满月，棱角分明。总体而言，明清玉器呈现出表面光滑，线条刚劲流畅，阳刻纹渐多，圆雕、浮雕及镂雕大量出现的可喜局面。

第三章 玉器的鉴别技巧

▲ 玉雕卧狗　明代
长8.3厘米

▲ 玉雕貔狔　明代
长8.3厘米

▲ 旧玉仿古龙纹把杯　明代
高10.5厘米

▲ 白玉鹰桃洗　明代
长10.2厘米

▲ 旧玉雕卧狮　明代
长6.8厘米

▲ 灰白玉太狮少狮　明晚期
直径10厘米

▲ 青白玉蟠螭洗　明晚期
长16.5厘米

下面具体阐述明、清玉器各自的特征，为鉴别两代玉器提供指导。

（一）明代玉器的特征

明代玉器继承了宋、辽、金、元玉器制造工艺的成就，经过不断努力，将玉器生产推向了一个更新的高度。明代玉器的特征主要表现在以下几方面：

玉质细腻温润

明代玉器主要使用的是新疆玉，抛光后，器具质地莹润，表面光泽闪烁，仿佛罩上了一层薄的玻璃质。

▲ 黄玉太狮少狮摆件　明代

长10厘米

黄玉质。太狮作趴伏状，口衔大株灵芝，毛发后扬。少狮卧于其下，扭头与其相对，尾微上卷。太狮造型威武，少狮形象生动活泼。整件刻工精湛，造型生动，刻画精细，刀工娴熟，可谓质佳料足且工精，展现了中国古代精彩绝伦的玉雕技艺，堪称精品。

▲ 黄玉雕双獾佩 明代

▲ 白玉雕绞丝纹手镯 明代

▲ 玉卧马 明代
长7厘米

▲ **出廓双螭梅花璧（正、背面） 明代**

长8.3厘米，宽6厘米，厚0.6厘米

和田玉。玉呈青白色，局部见土斑沁，整器表面略泛黄色光泽。中心雕锅形圆轮，轮内镂空雕梅花，璧外镂空雕两条螭虎，螭首边雕刻松叶；背面琢刻圆平百子钉。刀法粗犷有力，为"明大粗"的典型特征。

▲ 青玉雕羊　明代
长11.5厘米

▲ 黄玉骆驼　明代
长9.5厘米

第三章　玉器的鉴别技巧

▲ 白玉累金丝镶宝石鎏金银簪　明代
通长15厘米，顶长8.1厘米，宽5.7厘米

清代制玉的抛光技术有了变化，玉器不再具有晶莹透明的光泽，二者易区分。现代仿品或刻意追求古玉的光泽特点，或玉质不同，难以达到标准器的效果，也易露出马脚。

玉器风格清新、刚劲

明代玉器总体风格清新、刚劲，棱角分明。明早期纹饰总体风格趋于简练豪放，多以龙凤花鸟为主要题材，花卉擅长整株的大花卉，山水人物题材多为历史故事。明中期渐向纤巧、细腻的方向发展，花卉题材多采用折枝和缠枝花卉组成图案，具有清新活泼的特点。明代晚期的风格趋于繁缛，略显琐碎。

▲ **玉雕卧马　明代**

宽5.2厘米

马把手可玩，材质温润，马身圆硕，性情温良，蜷肢伏卧，马首后转似轻舔后蹄，马项鬃鬣垂于两侧，马尾拂臀，丝缕清晰，和顺自然，显出超凡的刻工。眼鼻及马背处留皮巧雕，沁色如栗，美不胜收。整器姿态逼真，神情怡然自得，刻饰流畅，造型丰腴饱满，堪为妙品。

▲ 玉雕观音佛坐像　明代
高15厘米

▲ 白玉福寿桃形盒　明代

长10.8厘米

佩玉出现新品种

明代佩玉习俗盛行，出现新佩件，如云形饰件与璜、珩、花叶组合的玉串饰，装饰衣帽的花形玉片。晚期又流行借鉴书画形式的方形玉佩（玉牌子、玉别子）等。

雕琢求形不求工

明代雕琢风格有"糙大明"之说，琢工上不讲究碾磨，刻划粗放，有求形而不求工的现象。

吉祥纹饰盛行

经历了元末乱世，人们盼望社会安定，祈求神灵保佑，这种社会要求反映在玉器上，就是吉祥纹饰大为盛行，如八仙、三星等神仙，"寿""喜"等文字，桃、灵芝、梅、竹、兰、鹿、鹤、鸳鸯等动植物，以及龙、凤、螭虎、甪端等瑞兽异禽。

注重题诗和款识

明代书法绘画艺术进一步影响了工艺美术的发展。玉器在工艺上也或多或少受到文人画的某些影响，注重碾琢写意山水和诗句、款识。

实用器皿增多

明代喝茶饮酒之风日盛，故玉质壶、杯、盘、碗的数量与日俱增。玉质的文房四宝也多起来。

▲ 白玉兽面纹洗　明代
高7.4厘米

▲ 白玉佛手　明代

高13.8厘米

　　以和田白玉大料雕琢为佛手果实两只，雕刻细腻，琢磨精致，果实丰满，枝叶柔美自然，毫无雕琢痕迹，堪称良工美玉的完美结合。佛手因谐音"福寿"，故而为历代文人雅士所喜爱，成为中国传统经典玉雕题材。

▲ 黄玉龙凤兽面纹仗首　明代
高11.7厘米

以子冈玉为艺术代表

陆子刚是明代玉工的杰出代表，制玉名气极高，称为所制玉"子冈玉"。不少人遂伪造"子刚"款的器物。辨别子冈玉真伪，需掌握子冈玉的特点：

一为选料严格。凡制器用玉料，皆为经过严格筛选的优质玉，务求色纯质润。

二为艺术作风严谨。陆子刚制玉除擅长仿古纹饰，更有雕琢山水、花鸟的绝技。

三为技法精妙。陆子刚琢玉务求纹饰清晰规整，底子平齐。凡琢文字，皆琢刻难度较大的阳文，字体间架严整，运转灵活，有如书写效果。

就款识分析，陆子刚真品的款识特征是：篆书，阳文"子冈"或"子刚"字样，书艺水平高，篆刻精致，无复加痕迹。

▲ 玉雕龙纹带板（一套）　明代

尺寸不一

此套明代龙纹带板造型、纹样皆与北京市文物研究所藏云龙纹带饰相似，共由20块组成，其中桃形銙6块，大长方形銙8块，小长方形銙4块，铊尾2块。较小带板正面雕剔地花卉纹，较大带板正面雕剔地阳起云龙纹，龙身细长，上阴刻龙鳞，四爪呈轮形，双眼圆睁，具有鲜明的时代特征。更大者另有喜鹊、荷花陪衬。背面穿孔可供系挂。一套保存完整，非常难得。

▲ 旧玉马　明代

长8.5厘米

第三章 玉器的鉴别技巧

▲ 玉菊花雕龙玉兰花形花插　明代

高18厘米

　　花插取大块白玉雕就，随形取景，随料取意，雕龙玉兰，形致柔婉，线条流畅，下锡玉菊花，周环缠绕，花形生动，构图美好，以白玉兰花喻君子美德。

▲ 黑白玉童子骑象摆件　明晚期
长8.2厘米

▲ 白玉雕灵鹿献寿纹镇纸　明晚期
长9厘米

▲ 青玉动物把件（一组）　明晚期
长5.3厘米

▲ 黄玉雕卧马纹挂件　明晚期
长7厘米

以黄玉为材，玉质细腻，玉色油润如牛脂，圆雕一匹骏马，马俯身而卧，两前蹄向前伸出，后蹄压于腹下，马回首观望，神情温驯，马鬃垂伏于颈部两侧，马尾贴服于体侧，马尾刻划清晰，丝缕毕现。

▲ 青玉雕凤及青白玉鹤衔荷叶　明代（正、背面）
长6.3厘米

第三章 玉器的鉴别技巧

（二）清代玉器的特征

清代玉器是我国古代玉器史上的最高峰，在玉质之美、做工器型之众、产量之多、使用之广等方面，都是历史上任何一个朝代的玉器所不能媲美的。清代玉器的主要特征如下：

玉料和田玉为主

清代玉器主要用料为和田玉，包括白玉、青玉、碧玉、墨玉等玉材。宫廷玉器选料上等，民间以普通玉料居多。玉料越好，往往雕工越细。

▲ 白玉留皮巧雕蚕食坠　清代

长5.2厘米

此器取上等白玉雕琢玉坠，玉质凝润莹白，纯腻细致。雕一圆实菜体，菜叶层层包裹，菜柄处做弯曲处理成圈，恰可供佩系。巧取玉材外表黄色留皮琢一小蚕，蚕似正食菜叶，叶脉琢刻清晰，小蚕所过之处留有斑驳痕迹，似已取食，生动至极。

▲ 玉龙戏珠纹瓶　清代
高19.7厘米

▲ 白玉雕弦纹兽耳环香炉　清代

▲ 白玉灵犬　清代
长11厘米

第三章 玉器的鉴别技巧

▲ 白玉龙纹瓶　清代
高30.5厘米

▲ 白玉太狮少狮摆件（带座） 清代

长8.2厘米

▲ 白玉岁岁平安摆件 清代

第三章 玉器的鉴别技巧

▲ 青白玉雕双牛摆件（带座） 清代
宽20.3厘米

▲ 白玉雕辟邪钮印章（三件） 清代

▲ 白玉镂雕鹤纹觚形瓶　清代
高21厘米

第三章 玉器的鉴别技巧

▶ 白玉浸色雕双獾佩　清代

▶ 白玉雕龙形佩　清代

▲ 白玉太白醉酒牌　清代
长6厘米，宽4.1厘米，厚0.6厘米

▲ 白玉心经牌　清代
长6厘米，宽4.1厘米，厚0.8厘米

▲ 龙凤铭文白玉簪　清代
长25.3厘米

▲ 白玉镂雕双螭佩 清代
高7.5厘米

▲ 白玉双连瓶佩 清代
高10厘米

▲ 白玉雕双螭纹佩 清代
长7.4厘米

御製詩

幽谷喬林靜絕塦科
窗下古琴隱柴門
不開小丰永應待佳
朋問字來

臣 盧隆溥敬書

▲ **嵌玉填彩插屏　清代**
　高87.5厘米，长60厘米

▶ 白玉雕羲之爱鹅子冈牌　清代

宽4.3厘米，长5.8厘米

此件玉牌质地净白温润，长方形，牌头浮雕变形双夔龙。正面剔地浅浮雕羲之爱鹅图，雕琢精细，松枝苍劲，屋宇小桥流水，怪石横置。书圣含笑扬手，与迎面而来的童子交谈。童子怀抱白鹅，亦喜笑颜开。雕工精湛，构图严谨有序，器制灵巧可人。

▲ 白玉人物诗文牌　清代

高6.5厘米

玉牌采子冈牌造型，属明清时期的经典样式，色泽莹白，质地纯净，打磨规整。牌面浅浮雕孙策肖像，孙策手执长斧，身姿矫健，精神飒爽。背面行书阳文刻"破横江，拔当利。失魂魄，孙郎至。少年如策从来无，白龙鱼服困泥涂。乃弟犹能惊汉贼，可惜天亡孙伯符。子冈"。整器雕工精湛，刀法娴熟，细微之处干净利落，乃清代玉牌中的翘楚。

▲ 白玉福寿吉庆如意　清代
长24厘米

▲ 白玉雕童子牧牛摆件　清代
高5.6厘米，长10.2厘米

▲ 青玉骆驼摆件　清代
长15.5厘米

▲ 白玉环　清代
直径5.8厘米

▲ 青白玉雕童子　清康熙
高6.8厘米

雕工精细、有创新

清代玉器空前繁荣。中国玉器工艺风格从琢工粗糙，表面常有制作残痕，线条不流畅，素面、阴线纹居多，逐渐过渡为琢工精致，表面光滑，线条刚劲流畅，阳刻纹渐多，圆雕、浮雕及镂雕的创新形式大量出现。清代玉器总体风格可用八个字形容："尖如锋锐，圆似满月。"

不过，清代玉器毕竟是手工制作，玉器的结构、比例、平整度、精确度等方面无法严格控制，与现代使用先进仪器设备仿制的还是有一定的差距的。但现代仿品在一些角落、机器达不到的地方，精细程度无法比拟清代玉器。

图案具有时代感

清代玉器风格深受同时代绘画的影响，故玉器图案有着明显的时代风格特点。现代仿品的绘画，由于所处的时代不同，以现代绘画技法和风格仿制清代画风，其效果总逊于传统风格。当然，辨别玉器上的图案风格，需要足够的艺术修养和经验。

▲ 白玉圆雕瑞兽摆件　清早期
高5.5厘米，长9厘米

▲ 青白玉雕仿古兽面纹觥　清早期
高19.5厘米

▲ 白玉卧犬　清早期
长8厘米

▲ 白玉雕花卉双环耳洗　清乾隆
直径23厘米

此洗造型规整，花瓣形敞口、深腹、圆底，底承四如意云足。双耳别出心裁，雕茛苕花盛开于洗口，其下各衔一环；洗内底中心雕花蕊，花瓣层层绽放，朵瓣娇柔，颇具立体感；外壁亦浅浮雕花卉，与洗内相对应，清雅淡丽。

▲ **白玉双鹿耳兽面活环洗　清乾隆**

直径21厘米

玉材润白，偶间金黄皮色，器型仿古代青铜鼎彝，外壁浅浮雕之饕餮纹饰亦宗青铜器母本，双耳悬环，耳部圆雕仙鹿口衔灵芝伏卧祥云，寓意"梅鹿灵芝碧华天，龟龄鹤寿享其年"，底承兽面三足。

▲ **白玉留皮巧雕天鹿献瑞摆件　清乾隆**

长14.5厘米

选和田玉整块籽玉雕成，油润细腻。圆雕一鹿，作跪卧状，昂首，吻部凸出，口衔灵芝，温驯可人，灵气十足。鹿身光素，曲线优美流畅，玉皮巧雕鹿角、灵芝，色泽金黄，如沐夕阳。

◀ 白玉雕年年有余挂件　清乾隆

长7.5厘米

和田籽玉雕成，玉质温润无比，洁白无瑕。圆雕鲶鱼摆尾游弋，鲶鱼体长形，颈部平扁，圆脸阔口，唇边有须，浮雕鱼眼，利用金黄玉皮巧雕而成，炯炯有神。鲶鱼体态俊美，须子细长飘逸。雕琢细腻生动。鲶鱼游动姿态灵动优美，表达年年有余的美好祝愿。

▲ 白玉雕瑞兽纹摆件　清乾隆

长12厘米

白玉雕成，玉质清润，洁白如脂。圆雕而成。瑞兽体态健硕，四肢蜷卧，肌肉饱满，神情肃穆。背上一小兽攀爬其上，与大兽相对而望，跃跃欲试，神态可掬。

▶ **白玉雕如意莲瓣纹盖盒 清乾隆**

直径8.2厘米

此盖盒无论在材质还是工艺上，皆堪称典范。其质润若凝脂，华而不浮，整体呈扁圆形，上下相若，盖与身以子母口相合。平底，矮圈足，呈玉环状。盒盖圆形开光，以浅浮雕手法琢四兽面纹，线条刚劲、阴阳凹凸有致，工艺精到，构图饱满。

▲ **白玉雕佛莲纹太平有象 清乾隆**

长17厘米

此玉象以整块和田白玉为材，玉质莹润，包浆温润古朴，稳重大气。象站立式，牙前伸，鼻卷曲于一侧，双耳如扇，四肢若柱，身配璎珞，背负象毯，上琢佛莲纹，大气端庄，透露出贵重典雅、肃穆庄严之气。

▲ 仿古兽面三足玉炉　清乾隆

高21厘米

此炉束颈，附一盖，上雕有古兽，瓶颈两侧有双耳，下承三足。瓶腹两侧以浮雕技法饰兽面纹。玉质温润，包浆纯厚，纹理清晰，雕工精湛，通透雅致。

第三章 玉器的鉴别技巧

▲ **白玉留皮衔灵芝莲花瑞兽　清乾隆**

长5.8厘米

▲ **青白玉雕五福捧寿活环洗　清乾隆**

长17.2厘米，宽13厘米，高6.7厘米

整器雕作丰满圆润的寿桃形，内心掏空为膛，洗壁厚薄均匀。两侧镂雕双蝠耳，耳下套活环。外壁一面浮雕一棵粗壮的桃树向上蓬勃生长，延伸至洗口后转施透雕技法，枝繁叶茂，两只小蝠栖息其上；另面浮雕一只硕大的蝙蝠，展翅攀附于桃尖。

▲ 白玉文曲星立像　清乾隆
高20厘米

▲ 黄玉鱼化龙花插　清乾隆

高14.6厘米

▲ 白玉二龙戏珠椭圆形洗　清乾隆
长13.5厘米

▲ 白玉衔灵芝瑞兽　清乾隆
长5.5厘米

▲ 白玉菊花纹盖盒　清乾隆
直径14.2厘米

▲ 白玉英雄摆件　清乾隆
长5.8厘米

▲ 青玉佛　清乾隆
高20厘米

▲ 青白玉鸳鸯摆件　清乾隆
长11.5厘米

▲ 白玉葫芦万代喜字牌（正、背面）　清乾隆
长6.5厘米

第四章 玉器的购买技巧

一 购买玉器的准备工作

购买玉器，主要有两个原因，一是喜欢玉；二是出于经济考虑，藏玉可以保值和升值。什么样的玉器能保值、升值呢？购买时要从哪些方面鉴定玉器的优劣呢？

（一）玉质

辨别玉质是玉器收藏的首要前提。玉质有两种意思：一是指玉的种类，二是指同种玉的质量差异。

玉料品种

玉器材料种类众多，价格相差较大。如优质的翡翠与钻石价格相当，而市场上多见的玛瑙，则数十元即可买到。

高档玉料：软玉、翡翠、青金石、绿松石、水晶等。

中档玉料：孔雀石、蛇纹石玉等。

质地

一般来说，评估玉质的好坏，应从质地、颜色、光泽、裂纹、净度等入手。质地越细腻，透明度也越高或称"水头"足，雕出的玉件就越显得水灵而有生气；而质地粗糙疏松者，则水头差，雕件显得凝滞呆闷。

由于绝大多数玉石是多晶质矿物集合体，也就是说都是以很多矿物小晶体颗粒或纤维构成的，所以晶体颗粒大小就决定了玉质的细腻程度，颗粒越小越细则玉石质地越细腻。

▲ 玉剑饰　唐代

▲ 白玉雕三蟠螭玉器（底部）　唐代

▲ 青玉双龙砚　唐代
长16.5厘米，宽14厘米

▲ 刻花玉杯　唐代

高3.5厘米，口径10厘米

　　1970年陕西西安窖藏出土，现藏陕西省博物馆。白色，半透明，质坚细。椭圆，口和腹部呈八瓣花形，俯视犹如一朵盛开的莲花，底附椭圆形圈足。腹外壁满刻花草纹。胎薄质润，造型美观，琢工精细。

▲ 白玉雕蟠螭纹剑饰　宋代

▲ 白玉浸色兔　宋代

▲ 白玉雕卧羊佩　宋代

▲ 玉猪　宋代
长6.7厘米

▲ 白玉透雕望子成龙带饰　宋代
长9厘米

▲ 旧玉兽 宋代
长12厘米

▲ 青玉雕独角巨兽 宋代/元代
高4.5厘米

第四章 玉器的购买技巧

▲ 白玉一鹭莲科炉顶　元代
高5厘米

▲ **白玉透雕龙纹摆件　元代**

长13厘米

▲ **黄玉咬尾龙　元代**

宽6厘米

咬尾龙形态丰满，龙身弧形，口尾相咬，双面雕工，刻画生动，充满活力。取黄玉为材，局部褐色留皮，颇具仿古之意。玉质精美，刀工简洁流畅，打磨光洁。

▶ 玉透雕荷花饰件
元代
　　长9.2厘米

▲ 玉秋山饰件　元代
　　高6.5厘米

▲ 云龙纹兽环玉壶　元代

高22.9厘米，足径6.8~9.9厘米，口径6.2~8.2厘米

青灰色，兼有浅黄和黑色斑。通体扁方形，直颈，宽腹，圈足，双兽衔活环耳。颈部两面在锦纹地上隐起相同的云龙纹，昂首，张口吐舌，长发，细颈，曲身，长尾，三爪，网状鳞纹，腾飞云雾之中，戏追火焰珠，形象生动。肩部饰云雷纹。腹部在回纹地上饰"十"字纹和重环纹，其上阴刻连续勾云纹。足饰箭尾纹。此器仿古铜壶形，饰有龙纹，当为元代皇室用器。

▶ 玉瑞兽　元代

高5.4厘米

▶ 龙璧　元晚期

长径6.6厘米，短径5.9厘米，厚0.5厘米

和田青灰玉。玉呈青灰色，局部见煤芯，包浆一目了然。双面工，两面纹饰基本相同，雕刻明显见古代工艺。璧为椭圆形，厚薄不均。底面高低起伏，龙首较大，龙身细长，尾盖在璧上。

▲ 青白玉雕瑞兽摆件　明代

▲ 白玉留皮雕辟邪　明代

第四章 玉器的购买技巧

▲ 青白玉带皮鹅衔莲摆件 明晚期/清早期
长9厘米

▲ 灰玉卧马 明晚期/清早期
长12.7厘米

▲ 白玉雕卧牛摆件　清早期

长17.5厘米

此卧牛选青玉雕琢，质地细腻，呈凝脂般光泽。牛回首目视前方，双目炯炯有神，头部及两角等处雕刻逼真，回首间尽显闲适与安详。牛为十二生肖之一，对应十二地支的"丑"。

第四章　玉器的购买技巧

▲ 白玉雕鸳鸯纹摆件　清早期

长16.2厘米

　　白玉质，玉质油润，圆雕一鸳一鸯浮游于水中，双鸟回首同衔一枝荷花，神态亲昵，极为动人。此件雕工精致，鸳鸯活灵活现，水波激扬荡漾，富有动感。精巧的构思中蕴含着美好的祝愿。

◀ **白玉雕耄耋守业纹纸镇　清早期**

长7.5厘米

白玉质，洁白莹润，圆雕两只小猫与一只蝴蝶嬉戏，小猫体态丰腴，扑跳腾跃之形毕现，雕工手法细腻，形象活泼逼真。

◀ **白玉雕辟邪摆件　清早期**

长11厘米

白玉辟邪摆件取材和田白玉，采用圆雕手法琢制而成。神兽呈卧伏状，昂首伏卧，双眼圆睁，口微张，长须垂胸，体态圆润修长，蜷曲后仰，神情警觉，似伺机待扑，尾向背卷并紧贴，呈三绺花状。

颜色

颜色是鉴定一件玉器好坏的重要参考指标。好的玉料颜色应有正、阳、浓、匀、特五大特点。

正，指颜色纯正。

阳，指颜色的明亮度，玉料特别是成品的颜色越鲜明越好。

浓，指颜色的饱和度，在保证透明度的前提下，要求玉料的颜色越浓越好。

匀，指颜色均匀程度，玉料或成品的颜色越均匀越好。

特，指玉料有奇特的颜色分布，或可形成奇特的图案，如人、动物、山水等；或可产生独特的光学效应，如玛瑙的晕彩、孔雀石的丝绢光泽等。

另外，玉器要与颜色作品的风格一致，什么样颜色的玉器表现什么样风格的作品，适用哪些方面的题材内容。

▲ 青白玉巧雕三多摆件　清代
高12厘米

▲ 青白玉三鹅衔穗摆件　清代
长13.3厘米

▲ 青白玉仙鹤献寿摆件　清乾隆
长9.2厘米

第四章 玉器的购买技巧

▲ 白玉鸭衔寿桃坠　清乾隆
长5厘米

▲ 白玉留皮鸳鸯坠　清乾隆
长5.5厘米

▲ 会昌九老图玉山子　清乾隆

▲ 玉九龙瓮　清乾隆

▲ 白玉菊瓣纹灵芝组盖碗　清乾隆

直径20.6厘米

▲ 玉双人耳盂　清乾隆

▲ 白玉雕御题诗罗汉第五尊者山子　清乾隆
高29.2厘米

▲ 碧玉雕夔龙纹爵　清乾隆
高12厘米

▲ 青玉十二季花神杯（一套带红木盒）　清乾隆

▲ 痕都斯坦青白玉双耳盖洗　清乾隆
长16.9厘米

光泽

光泽度是玉器对光的反射度。玉石质地、硬度以及对光吸收、反射的程度不同，表现出的光泽也不同。宝石的质地细且硬，反射光泽强；宝石质地糙且软，反射光泽必然弱。

裂纹

玉石以不带裂纹者为佳，但没有裂纹的玉石少之又少。常见的裂纹有断裂纹、破碎纹、龟背纹、炸心纹等。观赏、揣度裂纹的变化和规律是玉器加工制作中的一项重要的工作，对裂纹处理的好坏，直接关系到产品的质量。

行业中称裂纹为"绺"，极微弱的裂纹称"纹线""水线"，把裂纹的处理方法称为"躲绺""遮绺"。

▲ 白玉童子牧牛摆件　清乾隆
长11.3厘米

▲ 白玉寿星童子牌　清乾隆
高6.3厘米

▲ 玉雕沁色马上翻身坠　清乾隆
长6厘米

▲ 青白玉福寿纹如意　清乾隆
长37厘米

第四章　玉器的购买技巧

▲ 白玉饕餮纹龙钮盖方鼎　清乾隆
长17厘米，宽7厘米，高18厘米

▲ 白玉胡人洋洋得意摆件　清乾隆
高5.8厘米

▲ 白玉西王母　清乾隆
长13厘米

◀ 白玉武将诗文牌　清乾隆

长5厘米

▶ 青白玉龙钮双耳盖炉
清乾隆

高13厘米

净度

玉器化学成分的纯净度。玉器质地特别纯的是少数，不纯的是多数。越是档次高的玉料，其净度越高。当然，有时玉器带杂质不一定不好，若杂质分布较均匀，杂质带来的差异变化有时会有出人意料的美感。

（二）造型

造型是玉器审美的构架，也是决定玉器收藏价值的一个重要因素。造型是由玉器用途和玉坯形状决定的。

▲ 青白玉带皮寿纹盖盒　清代
直径7.5厘米

▲ 白玉蟠桃盒　清代
直径10.5厘米，高4.8厘米

▲ 青玉桃形洗　清代
长11.5厘米

▲ 青玉雕象松景笔架　清代
长15.5厘米

▲ 青玉卧鹿　清代
长8.5厘米

▲ 白玉云福纹佩（一对） 清代

高6.7厘米

▲ 发簪 清代

长10厘米，宽2.7厘米，厚1厘米

和田白玉质，如意头浅浮雕蝠、"寿"字、梅花、寿桃等常见纹饰，刻工精细。

▲ 青玉俏色三羊开泰　清代

▲ 青玉云龙带扣　清代
长9.7厘米

对称

玉器作为一种立体工艺品，从各角度看，不是呈对称状，便是呈平衡状。对称是美的形式之一，恰当运用对玉器的视觉效果影响极大。

多样与统一

多样与统一，是艺术形式美的基本规则之一。玉器的造型也是如此。多样，强调的是变化，没有变化，则会给人单调乏味之感；统一，强调的是变化之间相互联系，没有统一，会让人感觉杂乱无章。

比例恰当

比例恰当指玉器各部分之间的比例应给人美的感觉。如一件玉人，其头、身、和四肢各部分的比例要配合恰当，如此才能产生美感，反之，则会给玉器带来严重缺陷。

▲ 白玉马　清代
长7.5厘米

第四章 玉器的购买技巧

▲ 白玉饕餮纹方觚　清代
高22厘米

▲ 青白玉童子献寿长方式笔筒　清代
高14厘米

平衡

玉器造型要体现出形态与力的均衡，而不是给人以失去重心、欲倒的感觉。

空间层次分明

玉器具有高、宽、深三维。在制作中，无论是独立的还是组合的造型，都必须对玉器各组成部分的体积，线条的空间分布、方向、动势、节奏，做出合理的安排。

▲ 青玉瑞兽　清代
长8.3厘米

▲ 碧玉江山万代山子　清代
高30.5厘米

▲ 青白玉鲤跃龙门花插　清代

高24.8厘米

▲ **青玉童子骑象摆件　清代**
高13.3厘米

（三）认清纹饰

纹饰是玉器的装饰。新石器时代的玉器多素面，后来随着人类审美、琢玉工艺等的进步，才发展出折线纹、龙纹、蟠螭纹、饕餮纹、谷纹、云雷纹、乳钉纹、圈纹、重环纹、涡纹等。

玉器纹饰要看结构、章法、繁简、疏密等的处理，好的玉器纹饰结构应该章法有条不紊，统一而和谐。

纹饰一般具有较强的时代特点，不同历史时期的玉器的造型和纹饰是不同的。掌握各历史时期的纹饰特点，有助于准确地判断玉器的价值。

（四）认清工艺

评价一件玉器的工艺水准应从以下三点考量：

琢磨
好的琢磨工艺应做到规矩，有力度，轮廓清晰，细节突出。

抛光
抛光是把磨制后的玉器表面磨细至镜面的状态，达到光滑明亮的程度。玉器经抛光处理后，会呈晶莹美丽的玉质光泽，这是玉器工艺的主要特点之一。因此，玉器抛光处理的优劣，直接影响作品艺术效果的好坏。评价抛光看三方面：

明亮：光照玉器时能产生规律反射。

圆润：指玉器亮度透明，水头足。

清晰：玉器经抛光后，不影响自身各细节的表现。

▲ 白玉瑞兽　清中期
长10.3厘米

▲ 玉鹅　清中期
长8.5厘米

▲ 白玉凤首壶 清中期
高16厘米

▲ 白玉雕螭夔佩　清中期
高7厘米

▲ 青玉鹅摆件　清中期
高9.7厘米

▲ 青白玉留皮龙马负书　清中期
长9厘米

▲ 白玉龙凤佩（一对）　清中期
宽7.6厘米，高8.5厘米

▲ 青白玉松亭山水牌　清晚期

长5.8厘米，宽3.6厘米，厚0.4厘米

和田青白玉，带糖色，质滋润。卷云纹，灵芝牌首。正面浅浮雕松、亭、岩石，表面具凹凸感，底面亦光滑。背面平滑，下凹阳刻"福寿"印章款。

▲ 白玉梅花牌　清中期

长5.8厘米，宽4.9厘米，厚0.6厘米

和田白玉，纯正无瑕似冰块，包浆一目了然。牌首雕灵芝，正面减地浅浮雕梅花，背面双框减地阳刻"福寿"。雕刻工艺系清代刻工，规整，抛光平整，底面见橘皮块状光泽。

▲ 青白玉盘龙牌（正、背面） 清晚期

长5.5厘米，宽3.7厘米，厚0.5厘米

和田青白玉，带糖色，表面包浆一目了然。正面浅浮雕松、石、亭阁。背面浅浮雕"喜"字，牌右面镂雕一螭龙。

▲ 白玉刻山水人物插屏（一对） 清中期

长12厘米，宽8.3厘米

白玉雕海水山石、苍松翠柏，一屏刻福在眼前图，另一屏刻招财进宝图。构图严谨，雕琢精细，寓意吉祥，成对传世，较为少见。

装潢

装潢指玉器及其附件（座、匣）的包装。玉器装潢整体上要求做到协调，座、匣等附件要陪衬主体，更好地表现作品的美。装潢应考虑颜色、纹样、质料的搭配。

▲ 白玉圆雕麒麟送书摆件　清中期
长13.5厘米

第四章 玉器的购买技巧

▲ **白玉瓜蝶纹瓜式水呈** 清中期
长16.7厘米

▲ **青白玉雕狮纹镇纸** 清中期
长7.8厘米

▲ 白玉带沁岁岁平安盘　清中期
直径17厘米

二 玉器的购买途径

（一）拍卖公司拍卖

几大艺术品拍卖公司，如嘉德、翰海、华辰、保利、诚轩、匡时、荣宝、苏富比、佳士得等，它们均从事玉器的拍卖工作。

拍卖主要是在拍卖人（拍卖公司）、委托人（艺术家、收藏者）、竞买者这三者之间进行，价高者得。所拍卖作品的底价由拍卖人与委托人之间商定。如果拍卖成交，买家须向拍卖公司支付一定的酬金，多为落槌价的10%；卖家也须向拍卖公司支付一定的佣金。这种玉器交易具有六大好处：

◆ 拍卖公司能为竞买者提供多元化的拍品。

◆ 拍品价格公开、合理。

◆ 拍品经过权威机构、专家的严格鉴定，质量有保证，少有假冒伪劣产品。

◆ 所有拍品的市场参考价格均明确标注，为竞买者提供参考，方便确定竞买的心理价位。

◆ 拍卖有固定的时间、固定的地点，提前通知，有助于竞买者安排个人时间表、作消费预算。

◆ 拍卖成交价格最能体现拍品的实际价值，可以作为衡量珠宝玉器价格的标尺。

▲ 白玉雕松山楼阁纹山子（正、背面） 清代

第四章 玉器的购买技巧

▲ 翠玉盖碗　清代
直径11.4厘米

▲ 白玉牛摆件　清代
长22.9厘米

第四章 玉器的购买技巧

▲ 白玉狮纽鼎式长方炉（带座） 清代
高22.5厘米

▲ 刻诗青玉盘 清代

高9.6厘米，口径65.3厘米，足径25厘米

深碧色。体扁圆，器大而厚重，宽平沿，浅腹，平底，圈足。腹及足内均有琢磨痕。光素无纹。内底阴刻隶书乾隆二十二年（1757）御制诗一首，190字，诗中记述此玉盘为清军追剿吴军特部贵族叛变分子阿睦尔撒纳时缴获。此器浑厚持重，光洁温润，为新疆玉工琢制。

第四章 玉器的购买技巧

▲ 黄玉虎 清代

▲ 青玉双鸭 清代
高8.5厘米

▲ 白玉雕葫芦水洗　清代

长7.8厘米，宽5.2厘米，高2.8厘米

▲ 白玉衔灵芝神鹿摆件　清代

高8.8厘米

▲ 白玉雕仕女摆件　清代
高6.5厘米，宽7厘米

▲ 白玉衔芝回头鹿摆件　清代
高11厘米

▲ 白玉雕麻姑献寿摆件　清代
高12.5厘米

▲ 白玉仙人乘搓摆件　清代

高16厘米

（二）文物商店购买

　　文物商店是经过国家文物局或省级文物行政部门批准设立的文物购销经营单位。文物商店销售的玉器文物，销售前应经过省级文物行政部门审核并作出标识，故有法律保障，买家不用担心器物的来路不明。

　　不过，需要提醒一点，交易前一定要搞清楚该文物商店是否持有经营许可证。

（三）专业市场购买

　　这种专业市场有很多，如玉器经营大商场。这里所售的玉器一般质量有保证，不容易买到赝品，但劣势也明显，即售价均比较高。

▲ 白玉骑鹿寿星山子　清代
高13.5厘米

第四章 玉器的购买技巧

▲ 白玉玉船　清代
高8.3厘米，长21.7厘米，宽5厘米

▲ 白玉太白醉酒摆件　清代
长9.3厘米

◀ 白玉笔洗　清代
高6厘米，直径18.5厘米

◀ 白玉雕蟠螭蝶形佩　清代

▲ **大禹治水图玉山　清代**

  青色。通体立雕，呈突兀的山峰状，其上古木丛生，洞壑遍布，层峦叠嶂。山上成群民工，用极为简陋的工具，凿石开山，刨沙筑渠，疏通河道，导疏洪水，再现了古代劳动人民开山治水、战胜自然的壮丽场面。上方阴刻乾隆题"密勒塔山玉大禹治水图"并七言诗及其自注等。玉料采自新疆，乾隆钦定以清宫所藏宋人《大禹治水图》为稿本，复制出蜡样，与玉料同运扬州制作。乾隆五十三年（1788）雕成，历时十年，为古代最大的玉雕陈设品。

▲ 青白玉雕花卉纹兽耳活环笔洗　清代

▲ 白玉雕太师少师摆件（带座）　清代
长18.5厘米

第四章 玉器的购买技巧

▲ 白玉嫦娥玉兔（带座） 清代
高8.3厘米

▲ 白玉释迦牟尼坐像　清代
高14厘米

(四) 典当行购买

典当行是近几年重新又兴起的行业。典当店收购玉器时一般有专业人士做估价。这些玉器一旦成为"死当"（也称绝当，指当户既不续当也不赎当的行为，"死当"标志着典当双方权利义务关系的解除。），便可交易。典当行做玉器估价时，一般不考虑玉器当品的文物价值，当价较低，故典当行出售玉器时一般价格也不会高。

▲ 白玉鹊桥相会诗文牌　清代
高5.6厘米

▲ 白玉人物牌　清代
高6厘米

▲ 黄玉龙凤尊　清代
高16厘米

▲ 黄玉龙纹觥　清代
高10.3厘米

▲ 白玉带皮罗汉诵经摆件　清代
高12厘米

（五）圈子内购买

从玉器生产经营者或其他玉器所有者那里私下收购。这种私下交易优缺点鲜明。

优点是交易双方可以不经过任何中间环节，故能节省下如中介人佣金、玉器保管费等许多中间环节费用，购入价相对较低，利润回报较高。

不过，缺点绝对不能忽视：一是普通购买者可能无法对玉器的价格进行正确的估值，极有可能价格虚高；二是买到赝品的概率较大，容易上当受骗。

（六）网络渠道购买

如今电子商场发展得如火如荼，上网淘宝已成为许多人的选择。网络拍卖已经成为玉器交易的重要渠道。如北京嘉德拍卖公司早在2000年便开通嘉德在线，开始运营网络拍卖。

▲ 白玉扁方章　清代
高6厘米，宽1.8厘米，厚0.5厘米

◀ 和田玉雕子冈款诗文人物纹牌　清代

▶ 黄龙玉梅花开五福佩　清代

第四章　玉器的购买技巧

▲ 白玉人物提梁瓶　清代
高20厘米

◀ 白玉虎　清代
高58厘米

◀ 白玉雕秋安佩　清代
高6.5厘米

第四章 玉器的购买技巧

▶ **白玉太白醉酒佩 清代**
高5.1厘米

▶ **白玉双鱼佩 清代**
长6.3厘米

◀ 白玉福禄寿佩　清代

高5.6厘米

◀ 白玉福禄寿喜摆件（带座）

清代

高6厘米

▲ 痕都斯坦式青玉浅浮雕缠枝花卉纹盖瓶　清代
高14.8厘米

网络交易的优点是：突破时空局限，交易可以365天进行；拍卖公司省去实体店铺等相关费用的投入，故可降低拍卖成本；拍卖数量不受限制，一件可上网拍，多件也可拍；买家可挑选拍品、竞拍，省去"赶

▲ 白玉寿天百禄佩　清代
高6.6厘米

场"的烦恼，节约了时间、交通费用等。

不过，网络交易也有不足，即无法实体、全方位展示拍品，买方无法细致地辨别拍品真假、观察拍品成色。

▲ 白玉龙纹钟形佩　清代
高7.5厘米

▲ 白玉童子洗象摆件　清代
长8厘米

▲ 白玉骆驼　清代
长13.5厘米

第四章 玉器的购买技巧

▲ 白玉瑞兽　清代
长12.7厘米

▲ 白玉卧犬　清代
长9厘米

▲ 白玉大吉葫芦瓶　清代
高21厘米

▲ 白玉云龙纹砚　清代
长12.1厘米

▲ 白玉卧马　清代
长7.5厘米

▲ 白玉五福万代瓶　清代
高14.2厘米

第四章 玉器的购买技巧

▲ 白玉八仙人物如意　清代
长45.5厘米

▲ 白玉瑞兽　清代
长6.4厘米

▲ 白玉人物诗文佩（正、背面） 清代
高6.6厘米

第四章　玉器的购买技巧

平湖彭水碧
推油盐人悦
杨徙俊紫座
吏春依染其
一月发言宜景
逞流
韩国

三 把握适当的购买时机

从宏观角度入手

玉器市场与社会安定与否、经济好坏有很大的关系。玉器作为收藏品中一类，自然也符合"盛世收藏，乱世黄金"的规律。另外，经济环境好坏对玉器交易价格有着直接影响。经济不景气时，玉器交易价格会下降，此时对玉器购入者来说，无疑是一个低价买进的好机会。

遇到当代大师之作

当代大师的玉器作品交易渐火，拥有高度成长空间和极大升值空间，遇到此类作品，可考虑出手。

年轻玉雕名家作品需关注

作为玉器玩家，一定要关注业界比较有名的年轻技师的作品。出于投资考虑，虽然他们的作品一时不可能有较大的升值空间，但一旦他们成长为大师级人物，其早期作品升值是必然。因此，应当考虑投资有潜力的技师的作品。

玉质佳者不放过

玉器的价值，与玉料好坏有着直接关系。如和田玉，一直是国人的最爱，所制玉器价格自然不低；相比之下，青海玉做出来的东西天生就要差很多。当然，假玉料的投资价值无从谈起。

小玉件是切入点

玩玉，大都是从小件玩起。可别看不起小件，它们往往升值空间较大，尤其是对那些手中余钱不多的玩家而言。

寻找自己收藏体系的作品

作为真正的玩家，投资收藏不是眉毛胡子一把抓，而应打造自己的收藏体系和风格，如专门收藏翡翠。遇到自己收藏体系内的作品，可以考虑入手。当收藏体系完整时，投资回报率往往更大。

▲ 白玉大吉圆形佩　清代
直径5.7厘米

历代玉器收藏与鉴赏

▲ 白玉吉庆有余佩　清代
高5.8厘米

▲ 白玉福禄佩　清代
高6.6厘米

▲ 白玉寿天百禄佩　清代
高7厘米

四
准确判断出售时机

近十数年来，我国玉器的行情是不断上涨的，原因有三：一是与我国社会安定有关；二是关注的人越来越多；三是可供制作的玉料越来越少。以前和田玉出产多时，人们不关注俄罗斯白玉和青海玉，但随着和田玉产量从多变少，乃至从少变无，俄罗斯白玉、青海玉也开始走俏，涨价十几倍。原料涨，玉器的价格自然涨。因此，玉器的升值是肯定的。

但对卖家而言，"酒香也怕巷子深"。手中玉器要卖得好价钱，还要学会吆喝，即学会介绍自己玉器的特点、优点。

如果是重器，应与大型拍卖公司合作，让拍卖公司负责拍卖。这样，拍品往往能高于估价出售。

▶ 白玉留皮雕仙人纹佩　清代

◀ 白玉年年有余佩　清代

▲ 白玉雕饕餮纹双螭龙耳盖炉　清代
高17.2厘米

▲ 黑白玉浮雕鼓乐升平诗文牌　清代

高6.2厘米，宽4.2厘米

▲ 白玉鱼蚌坠　清代

高5厘米

◀ **手镯 清代**

外径7厘米，厚1厘米

玉质通透，紧密，局部见漂亮的丝状沁色。

▲ **平安如意摆件 清代**

第四章　玉器的购买技巧

▲ 白玉鹅　清中期
高9.7厘米

▲ 白玉三羊开泰　清中期
长13.5厘米

▲ 青白玉雕群仙祝寿图山子　清中期
高27厘米

第四章 玉器的购买技巧

▲ 白玉人物佩　清中期
长4.8厘米

▲ **和田玉白菜花插　清中期**

高16厘米，长12.2厘米，宽6.1厘米

青玉，下部琢一扁三角形底托，表面凸凹不平，中心长出一株白菜，白菜为束颈，外周菜叶弯向外侧，内周菜叶竖直向上，菜叶阳面用阴刻线，阴面用凸线雕出叶脉，白菜中空，用以插花。

▲ 玉桐荫仕女　清乾隆

▲ 黄玉佛手鼻烟壶　清乾隆
高6.8厘米

▲ 玉雕长宜子孙出廓璧　清乾隆
长12厘米

第四章 玉器的购买技巧

▲ 白玉双螭凤首砚滴（带座） 清乾隆
高9厘米

◀ 碧玉龙钮印　清乾隆
高7.5厘米

◀ 黄玉龙佩　清乾隆
高9.9厘米

▲ 碧玉钮盖三足炉（带座） 清乾隆
长17.8厘米

▲ 御临十三行二种碧玉册及紫檀盖盒　清乾隆
高18.7厘米，宽12.5厘米

第四章　玉器的购买技巧

第五章 玉器的保养要点

一
学会盘玉

玉的质地较硬，一般来讲不怕摩擦；玉的化学性质稳定，温度的变化对其影响不大。因此，收藏玉与其他古玩不同——玉需要"盘玩"，即人们口头常说的"玩玉""盘玉"。"玩""盘"二字，皆有以手触摸、把玩之意。玉经过科学的方法盘玩，会越发显现出温润的光泽，晶莹通透，给人羽化升仙的脱胎之感。

▲ 青白玉卧牛摆件　清代
长11.2厘米

第五章 玉器的保养要点

▲ 青白玉童子寿星摆件　清代
高11.4厘米

▲ 白玉雕兽面纹狮钮方盖炉　清代
高22厘米

第五章　玉器的保养要点

▶ 白玉雕荷叶双鹅挂件
清代
长5厘米

▲ 白玉仕女子冈牌　清代
长5.6厘米

◀ **青玉雕双童洗象　清代**

高20.4厘米

一象回首站立，头下低，双耳下垂，长牙内弯，长鼻弯曲上卷，缩颈，弓背，腹部下垂，尾自然下垂，体态肥壮。背上立一童，双手高举一角形器向象背上撒水，另一童子伏于象身，持扫帚顺势洗刷象身。象性情温顺，惹人喜爱，寓意太平，俗称"太平喜象"。

▶ **白玉螭纹鸡心佩　清代**

高6.1厘米

▲ 白玉经文纬武牌　清乾隆
长13.5厘米

▲ 青玉留皮五蝠山子　清乾隆
高19.5厘米

第五章 玉器的保养要点

▲ 白玉绳结佩 清中期

▲ 黄玉雕瑞兽摆件 清中期
高5厘米

▲ 白玉船（红木座）　清中期

长17厘米

▲ 虎形佩　清中期

长7.7厘米，宽5.6厘米，厚0.5厘米

玉呈青白色，滋润，局部见沁色。扁平片状，以阴刻线为主要纹饰，表面见橘皮纹。

（一）三种玩盘法

文盘

将玉佩戴在身上，用"人气"养玉，使玉慢慢吐出原先在土中侵蚀进去的杂质。

文盘多适用于小件的玉器，所需时间较长，少则十来年，多则几十年才能使玉通透起来。

武盘

武盘一般适用于大件的玉器，方法不一。例如：雇请多人，先用旧白布，后用新白布，昼夜不停地摩擦古玉，让其发热，逐渐吐出玉中的杂质；或者滚水煮，趁热用棕老虎(一种用棕捆扎而成的圆刷）猛擦。

武盘一般也需数年，缺点是容易伤玉。盘时须看火候，过与不及，均于玉有伤。

▲ 白玉缠枝花卉纹双蝶衔环耳三足盖炉　晚清
直径21.5厘米

▲ 白玉六龙首衔环耳狮钮盖瓶　清晚期
高 22.5厘米

▲ 白玉佛　清晚期
高17厘米

▲ 青白玉罗汉戏狮　清代
长18.2厘米

▲ 和田玉籽料　清代
长15.5厘米，重3.5千克

意盘

时不时地将玉捧在手上，一边盘玩，一边想象着玉的种种美德，与之心灵相通，使玉吐出杂质，变得通透起来。该法也要经过许多年方能见效。

（二）盘玉"四到"

许多古玉鉴藏家对古玉的盘玩倾注了毕生的心血，留下了许多心得。他们认为盘玩古玉应做到"四到"。

眼到

拿到一件玉器，看它的材料、器型、纹饰、雕工和沁色，辨其真伪。

手到

动手采用各种方法判断玉器的材料，如用手感觉玉的重量、用小刀划玉检验玉的硬度（注意刚出土的高古玉器不能用小刀检验）。

嘴到

用舌头舔玉，如古玉会发黏，有些刚出土的小玉件甚至会粘在舌头上掉不下来。此"到"今人看来颇不卫生，但古人较喜欢用。

鼻到

用开水泡玉，使玉器变热，使玉中的气味易于挥发外，趁热拿出来在鼻子下闻。

用开水泡玉还是一种鉴别古玉的办法，即"出灰"。出灰是古玉的一种标志，凡是出土的古玉，用滚水一泡并趁热取出晾干，在其雕刻之处，有时是整个玉，有时是沁色重的地方会有一层白灰。新仿伪古玉则没有这种现象。

▲ 白玉四臂观音像　清代
高15厘米

第五章 玉器的保养要点

▲ 象首耳活环玉盖瓶　清代
高 21厘米

（三）盘玉的禁忌

盘玉时忌手上有汗。玉盘好后，忌用手继续抚摸，以免将玉表面的光泽扰暗，应放置锦盒内观赏，用手取出前宜戴上手套。

▲ 黄玉卧犬　清代
长8.2厘米

▲ 黄玉雕口衔灵芝瑞兽　清代
长5.5厘米

▲ 玉雕象形香插　清代
长7厘米

二
做到"六个避免"

(一) 避免与硬物碰撞

玉器尽管质地坚硬，但与硬物碰撞后也可能受损，如出现裂纹。玉器的暗裂纹往往最初无法用肉眼看出来，但玉表层内的结构已受破坏，天长日久就会显露出来，大大损害玉器的完美性和收藏价值。

所以，玉器佩挂件不用时要放妥，以免碰伤。

▲ 白玉透雕福禄坠 清代
高6.7厘米

▲ 白玉小佛手　清代
高6.3厘米

▲ 白玉洒金一鹭莲科　清代
高6.5厘米

▲ 白玉卧马　清代
长10.5厘米

(二)避免沾染灰尘与油污

旧玉刚出土时,一般需要先清洗玉表面的污物,清洗可用水、酒精,带油污的可用丙酮去污。小件清洗一般用牙刷一类的刷子,大件可用棕刷。

严重污染的旧玉,可到生产、清洁玉器的专业公司用超声波仪器清洗保养。

平时佩戴时,玉器表面若沾上灰尘,宜用软毛刷清洁;若有污垢或油渍等,可用温淡的肥皂水刷洗,再用清水洗净,忌使用化学除油剂。

▲ 白玉衔灵芝瑞兽　清代
长8厘米

▲ 白玉芭蕉人物诗文砚屏　清代
高11.3厘米

▲ 青白玉童子乘槎诗文山子　清代
高10厘米

▲ **白玉留皮松鼠葡萄镇纸　清代**
长8.3厘米

▲ **白玉比翼同心牌（正、背面）　清代**
高5.4厘米

　　玉牌以白玉雕琢，细腻光润，切磨规整，包浆浑厚。牌高束腰，近似椭圆形，边随纹饰有多处倭角，牌首钻小孔，以系绳坠。此玉牌分两面雕刻，牌首琢祥云纹，牌之正背皆雕琢比翼瑞鸟，各题书"同心""比翼"。整体雕琢精细，刀法娴熟，线条流畅，打磨精细，寓意富贵吉祥。

第五章　玉器的保养要点

▲ 白玉仙人乘槎诗文佩　清代
高5.7厘米

▲ 白玉河图洛书牌（正、背面） 清代
高5.1厘米，直径3.6厘米

第五章　玉器的保养要点

▲ 灰玉骆驼摆件　清代
长20.6厘米

（三）避免阳光长期直射

　　玉器经阳光暴晒会膨胀，分子间隔增大，从而影响玉的质地和色泽。

　　避免阳光直射还不够，还要避免将玉放置于过于干燥的地方。过于干燥的环境往往会造成玉中的水分蒸发，损害玉的品质。

（四）避免用火烘烤

　　玉器不能用火烘烤，也不能离火源近。古人云："（玉）常与火近，色浆即退"。尤其是出土不久的玉器，受火的烘烤后，色更易变淡。

（五）避免接近冰

古人说玉畏冰，"（玉）常与冰近，色沁不活"。意思是说，古玉若经常接触冰，土门受损，玉理黯然不能显出色沁，成为"死色"。

（六）避免与香水、化学制剂和汗液接触

化学制剂，如各种洗洁剂、杀虫剂、化妆品、香水、美发剂等，会给玉器带来一定的损伤。如若不小心沾上，应及时擦除并清洗。

玉器接触太多的汗液后，会受到侵蚀，外层受损，影响本来的鲜艳度。尤其是羊脂白玉更忌汗和油脂，佩戴之后要用柔软的布擦净。

▲ 白玉持经罗汉　清代
长11.2厘米

三、掌握正确的清洁方式

（一）新购玉要做清洁工作

新购玉件一般应在清水中浸泡几小时，然后用软毛刷清洁，再用干净的棉布擦干后佩戴。

（二）要使用柔软的白布抹拭

玉件宜用清洁、柔软的白布抹拭，不宜用染色布、纤维质硬的布料。

（三）要定期清洗

玉件一般隔一段时间就要进行一次清洗。

（四）要经常检查玉佩系绳

玉佩等悬吊饰物，应经常检查系绳。系绳易磨损断裂，如发现不及时，可能造成玉器丢失，或因坠地碰撞而损坏。

▲ 白玉仕女　清代
高13.5厘米

▲ 白玉松下人物诗文砚屏（正、背面） 清代
直径13厘米

第五章 玉器的保养要点

御觀瀑詩
偶幅雪瀑兩巖
間橋客欣觀一
日問試問圖中
人姓氏遊應康
西門山

▲ 白玉盘　清代
直径19.6厘米

▲ 青玉狮子　清代
长12.1厘米

第五章　玉器的保养要点

▲ 白玉玉堂锦绣佩　清代
高6.8厘米

▲ 碧玉山水人物山子　清代
高17.5厘米

第五章　玉器的保养要点

▲　白玉双龙佩　清代
高5.5厘米

▲ 镂雕花卉活环耳白玉盖瓶　清代
高33厘米